AF200159

Ernst C. Achelis

Achelis - Zwei Abhandlungen

Ernst C. Achelis

Achelis - Zwei Abhandlungen

ISBN/EAN: 9783744639422

Hergestellt in Europa, USA, Kanada, Australien, Japan

Cover: Foto ©ninafisch / pixelio.de

Weitere Bücher finden Sie auf **www.hansebooks.com**

Zur Symbolfrage.

Zwei Abhandlungen

von

D. E. Chr. Achelis,

ord. Professor der Theologie an der Universität Marburg.

I. Die Verpflichtung der evangelischen Theologen
auf die Symbole.

II. Der Gebrauchswert des Apostolikums.

Berlin,
H. Reuther's Verlagsbuchhandlung
(H. Reuther & O. Reichard).
1892.

Vorwort.

Die beiden Abhandlungen, welche ich hiermit in Broschüren-form der Öffentlichkeit übergebe, sind in dem diesjährigen November-heft der Zeitschrift „Halte was du hast" zuerst erschienen. Die erste wurde anfangs September, die zweite gegen Ende desselben Monats verfaßt. Durch die seitherigen, täglich sich häufenden Kund-gebungen in dem ausgebrochenen Symbolstreit habe ich mich nicht veranlaßt gesehen, irgend etwas in den Abhandlungen zu ändern, aber der Wunsch ist täglich lebhafter geworden, auch meinerseits dazu beizutragen, daß die so plötzlich hochgradig gewordene Krisis in der evangelischen Kirche so verlaufe, daß der Wahrheit, d. h. Gott, die Ehre gegeben werde.

Achelis.

Die Verpflichtung der evangelischen Theologen auf die Symbole.

„Der Fall Schrempf" ist die nächste Veranlassung zu diesem Aufsatz. Auf jenen „Fall" selbst hier darstellend oder beurteilend näher einzugehn, liegt außerhalb unserer Aufgabe. Aber durch diesen „Fall" ist das Thema: „Die Verpflichtung der evangelischen Theologen auf die Symbole", in dem Sinne, daß gefragt wird, welches nach evangelischen Grundsätzen die Art und Weise dieser Verpflichtung sei und wie dieselbe gehandhabt werden müsse, in den Herzen vieler evangelischer Theologen wieder lebendig geworden, — eine alte Wunde, die aufs neue blutet und aufs neue schmerzt. Die Wunde besteht darin, daß es eine anerkannte, klare, prinzipiell von evangelischen Grundsätzen aus getroffene Beantwortung nicht giebt, und daß dadurch eine weit verbreitete Unsicherheit und Willkür in betreff der Verpflichtung auf die Symbole eingerissen ist, die für allerlei Verdächtigung und vielleicht auch Vergewaltigung einen fruchtbaren Mutterboden schafft. Denn einerseits steht es unter den Sachkundigen einigermaßen fest, daß die evangelische Kirche ohne Symbole, ohne Glaubens= und Lehrnorm sowohl nach außen zu kirchenpolitischer Verwertung, als auch nach innen wider individua= listische Lehrwillkür nicht zu bestehen vermag, daß ferner thatsächlich solche Glaubens= und Lehrnorm wenigstens innerhalb der deutschen, evangelisch=lutherischen, bezw. unierten Kirche in den symbolischen Büchern des Konkordienbuchs mit oder ohne Einschluß der Kon= kordienformel, auch hier und da der Schmalkaldischen Artikel, gegeben ist, und daß endlich eine Verpflichtung der Theologen, welche in den praktischen Dienst der Kirche eintreten, auf diese Symbole in irgend einer Form sich nicht umgehen läßt. Anderseits ist die Abweichung der evangelischen Theologen von diesen oder jenen Einzelbestimmungen der Symbole ganz allgemein — ich werde es hernach beweisen —, und weil diese Abweichungen auf guten religiösen und theologischen Gründen beruhen, so verlangen sie Anerkennung ihrer Berechtigung und wollen nicht mit „Geduldetwerden“ sich irgendwie begnügen. Die kirchenregimentlichen Behörden sind zwar bis zu einer gewissen, vielmehr sehr ungewissen Grenze hin zum „Dulden“ bereit, aber die Grenze ist außerordentlich verschieden bei den verschiedenen Behörden, vielleicht auch bei derselben kirchlichen Behörde. Willkür in der Handhabung dieser Grenze ist gar nicht zu vermeiden, und die Unsicherheit der Theologen in ihrer Stellung zu der kirchlichen Behörde ist um deswillen so peinlich, weil sie eine ernste Gewissens= frage einschließt über die Berechtigung, in der evangelischen Kirche das geistliche Amt zu verwalten. Ein Jeder pflegt sich nun darauf einen eigenen Vers zu machen, wodurch er sein Gewissen beruhigt, und wir zweifeln nicht im geringsten daran, daß die meisten dieser Verse vor Gott vollberechtigt sind. Allein nicht jedem gelingt ein solcher Vers; es giebt skrupulöse, gesetzliche Naturen, die sehr schwer unter dieser Unsicherheit leiden und in der Freudigkeit ihres Glaubens und ihrer Amtsführung auf das tiefste dadurch gekränkt werden.

Der Versuch einer von evangelischen Grundsätzen aus geschehenden prinzipiellen Beantwortung der Frage nach der evangelischen Art der Verpflichtung auf die Symbole wird jedem Leser gerechtfertigt er= scheinen. Doch bevor wir zur Beantwortung schreiten, sei es gestattet, noch ein kurzes Wort der Orientierung besonders über die sog. ökumenischen Symbole voranzuschicken. Unter diesen ökumenischen Symbolen, die ihren Namen erst seit der Zusammenstellung des Konkordienbuches 1580 tragen, versteht man das sog. Symbolum Apostolicum, Nicaeno-Constantinopolitanum und Athanasianum (oder Quicumque), und man pflegt ihren Wert, besonders den des Apostolikums, um deswillen sehr hoch zu schätzen, weil sie eben ökumenisch, d. h. von der gesammten christlichen Kirche anerkannt und damit ein Band seien, das die zerrissene Kirche einheitlich umschlinge. Wie verhält es sich mit diesen drei Symbolen? Daß unter den zahlreichen alten Symbolen gerade sie besonders bevorzugt wurden,

ist seit dem 10. Jahrhundert zu belegen. So schreibt Ratherius
von Verona (890—974) in seinem Itinerarium: „ipsam fidem i. e.
credulitatem Dei, trifarie parare memoriter festinetis, h. e.
secundum symbolum, i. e. collationem apostolorum, sicut
in psalteriis correctis invenitur, et illam, quae ad missam
canitur (also das Nicaeno-Constantinopolitanum), et illam S.
Athanasii, quae ita incipit: Quicumque vult salvus esse." Diese
Auszeichnung der drei Symbole ist in der römisch-katholischen Kirche
geblieben und in die evangelische übergegangen. Seit 1533 wurden
die Predigtamtskandidaten in Wittenberg auf diese drei Symbole
nebst der Augustana und der Apologie verpflichtet; aber Luther
nennt noch 1538 in seiner Schrift: „Die drei Symbola oder Bekenntnis des Glaubens 2c., in der Kirche einträchtiglich gebraucht"
(Erl. Ausg. 23, 251 ff.) als solche das Apostolikum, das Athanasianum und Te Deum laudamus, während er das Nic.-Constan-
tinop. nur hintennach und nebenbei mit den Worten erwähnt:
„Wollen am Ende auch den nicenischen Glauben ... zu diesen dreien
Symbolis setzen, welcher alle Sonntag im Ampt (in der Messe)
gesungen wird." Auch Melanthon hebt diese drei Symbole besonders
hervor (in Epist. XIII, Nr. 6345 vom Sept. 1547 Corp. Reform.
IX, 279, in der deutschen Übersetzung seiner Loci theologici 1555
C. R. XXII, 58 und in „der Ordinanden Examen" 1558 C. R. XXIII,
XXXVIII,) ohne ihnen jedoch eine besondere Bezeichnung zu geben;
erst im Frankfurter Rezeß 1558 C. R. IX, 494 nennt er sie
„die drey Haupt-Symbola." Den Namen „ökumenische" Symbole
erhalten sie, wie bemerkt, erst 1580 im Konkordienbuch: „Tria
Symbola Catholica Seu Oecumenica."

Doch gerade diese Bezeichnung der Symbole als ökumenischer
ist geschichtlich ganz unberechtigt, daher irgend eine Form der Verpflichtung auf grund angeblicher Ökumenicität derselben ganz
unstatthaft. Daß die Herkunft des sog. Apostolikums von den Aposteln
des Herrn eine römische Legende ist, die keine Spur von Wahrheit
hat, dürfte in evangelischen Kreisen nicht unbekannt sein; weniger
bekannt ist die Thatsache, daß das Apostolikum — ein südgallisches
Symbol, das um's Jahr 500 zuerst auftaucht — von der griechischen
Kirche niemals angenommen worden ist. Das sog. Athanasianum,
das nur in lateinischer Sprache vorliegt, hat mit dem bekannten

Athanasius, dem Gegner des Arius, nichts zu thun; es ist ebenfalls gallischen, vielleicht nordafrikanischen, Ursprungs, vielleicht schon im 6. Jahrhundert entstanden; die griechische Kirche lernte es um das Jahr 1000 zuerst kennen, hat es aber alsbald verworfen. Also weder das Apostolikum noch das Athanasianum ist ökumenisch, und wenn in manchen Liturgieen sonntäglich verkündet wird: „Laßt uns mit der ganzen Christenheit, die auf Erden ist, unseren ungezweifelten heiligen apostolischen Glauben bekennen" (folgt die Recitation des Apostolikums), so ist das eine einfache Unrichtigkeit, die baldmöglichst beseitigt werden sollte. Doch hat vielleicht das Nicäno-Constantinopolitanum einen ökumenischen Charakter? Fast scheint es so; denn das Nic.-Constantin. gehört zu den symbolischen Büchern sowohl der römischen, als der griechischen, als auch der evangelischen Kirche (daß es, nebenbei bemerkt, einen falschen Namen trägt und mit der Synode von Constantinopel 381, von der es benannt wird, nichts zu thun hat, kommt hier nicht in Betracht). Allein es scheint nur ökumenisch zu sein: denn von anderen Änderungen abgesehen, hat die lateinische Übersetzung des griechischen Originals, welche als solche in der römischen Kirche symbolisch ist, im dritten Artikel beim Ausgang des Heiligen Geistes das Wort filioque (Spiritus Sanctus, qui ex Patre Filioque procedit) zugefügt, welchen Zusatz die griechische Kirche niemals an= nehmen würde. In der Form der römischen Kirche ist es ein Symbol auch der evangelischen geworden.

Somit sind die drei sog. ökumenischen Symbole, das sog. Apo= stolikum, das sog. Athanasianum und das sog. Nicäno=Constantino= politanum sämmtlich nicht ökumenisch; sie sind nur römisch=katholisch, und von der römischen Kirche her sind sie von der evangelischen einfach übernommen worden. Es ist bezeichnend und erfreulich, daß es keine Glaubenssatzung in der christlichen Kirche giebt, welche ökume= nischen Charakter hat; nur ein einziges ökumenisches Stück giebt es in der Christenheit, und das ist das Gebet des Herrn, das Gebet der Kinder Gottes, das der Herr Jesus Christus uns gelehrt hat.

Wenden wir uns nun zur Beantwortung unserer Frage selbst. Wir haben oben bereits bemerkt, daß die „duldende" Auskunft kirch= licher Behörden bei Behandlung der Abweichungen, die sich bei evangelischen Theologen in betreff Einzelbestimmungen der Symbole finden, nicht zu dulden ist, weil sie einerseits große Willkür einschließt,

— die Willkür bleibt troß des patriarchalischen Mantels, in den sie gern sich hüllt, — und anderseits das gute Recht evangelischer Glaubensüberzeugung kränkt. Soweit ich sehe, sind außer dieser „duldenden" Beantwortung drei Wege möglich, wie die Verpflichtung auf die Symbole gehandhabt werden kann, und diese drei Wege unterziehen wir nun einer kurzen Betrachtung.

1.

Die nächstliegende und jedenfalls einfachste Art der Verpflichtung scheint die juridische zu sein. Der Inhalt der symbolischen Bücher wird einfach als Glaubens= bezw. Lehrgeseß behandelt, und Abweichung von diesem Geseß und Übertretung dieses Geseßes wird nicht geduldet, sondern disciplinarisch verfolgt. Es scheint die Meinung weit verbreitet zu sein, als ob jede Verpflichtung der Theologen auf die Symbole in diesem juridischen Sinne gemeint und von Gottes und Rechts wegen allein richtig wäre. Wenn sie es wäre, so würde jede kirchliche Behörde, die anders als rein juridisch verführe, in ihrer duldenden Väterlichkeit sich einer Rechts= verleßung schuldig machen, einer Rechtsbeugung, die nicht zu dulden sein würde. Allein die völlige Undurchführbarkeit dieser juridischen Handhabung der Symbolverpflichtung zeigt genugsam ihre Unrecht= mäßigkeit. Ihr gegenüber sind wir allzumal Sünder, Luther voran. Denn im Großen Katechismus schreibt er: „Daß aber hier steht Auferstehung des Fleisches, ist auch nicht recht deutsch geredet. Denn wo wir Fleisch hören, denken wir nicht weiter, denn an die Scharren (Verkaufsfleisch auf dem Markt). Auf recht deutsch aber würden wir alle reden: Auferstehung des Leibes oder Leichnams, doch liegt nicht große Macht daran, so man nur die Worte recht versteht." Ganz schön! Nur das Apostolikum meint eben gar nicht Auferstehung des Leibes im paulinischen Sinne, sondern resurrectio carnis im Sinne Tertullians und Augustins, und es ist eine Änderung des Sinnes, nicht nur des Ausdrucks, wenn Luther und nach ihm viele (selbst bei der liturgischen Verlesung des Apostolikums) Auferstehung des Leibes statt Auferstehung des Fleisches seßen. Sodann Erasmus Sarcerius (1501—1559), der eifrige lutherische Theologe: in seinem Pastorale 1559 findet er es nötig, über die „verbesserung des 28. Artikels mangels und fehls" sich auszulassen.

Er ſtreitet wider den Satz des 28. Art. der Auguſtana: Nam qui
iudicant ecclesiae auctoritate pro sabbato institutam esse diei
dominici observationem tamquam necessariam, longe errant.
Scriptura abrogavit sabbatum, quae docet omnes ceremonias
mosaicas post revelatum evangelium omitti posse . . . . . Aliqui
disputant diei dominici observationem non quidem iuris divini, sed
quasi iuris divini: praescribunt de feriis, quatenus liceat operari.
Huius modi disputationes quid sunt aliud nisi laquei conscienti-
arum? etc. Sarcerius hat viele Nachfolger, und es giebt ſelbſt kirch=
liche Behörden, die des Sarcerius Ketzereien begünſtigen und ſie als
gut evangeliſch befürworten.

Doch weiter! Das Apoſtolikum enthält den Satz im 2. Artikel:
„Descendit ad inferna, niedergefahren zur Hölle.“ Was hilſt und
nützt es, dieſen nackten Satz zu bekennen, wenn die Kirche ganz
gleichgiltig dagegen iſt, welcher Sinn damit verbunden werde? Die
traditionelle lutheriſche Lehre, wie ſie von Luther (Erl. Ausg. 3, 279 ff.;
20, 165 ff.) geprebigt, von der Form. Concordiae (II, 9) bekannt, bei
Quenſtedt und Hollaz ausgeprägt iſt, läßt den Descensus darin beſtehen,
daß Chriſtus da dem Satan und den verdammten Geiſtern ſich als den
Sieger über Tod und Satan und als Herrn über Tod und Leben erwieſen;
daneben ſteht Urb. Rhegius, der mit der alten Kirche freundlich lehrt:
secundum animam descendere ad inferna voluit ad pias animas Adam,
Noah, Seth, Abraam . . . . ut eas consolaretur nec patres solum ex
inferno liberaret. (Ähnlich die römiſch=katholiſche Lehre Cat. Rom. I,
qu. VI). Aber auch die Deutung wird kirchenbehördlich ſchwerlich bean=
ſtandet werden, welche altkirchlich ſich der 44. Frage des Heidelberger
Katechismus nähert. „Warum folget: abgeſtiegen zu der Hölle? Daß
ich in meinen höchſten Anfechtungen verſichert ſei, mein Herr Chriſtus
habe mich durch ſeine unausſprechliche Angſt, Schmerzen und Schrecken,
die er auch an ſeiner Seele, am Kreuz und zuvor erlitten, von
der hölliſchen Angſt und Pein erlöſet.“ Wir ſehen, wie unzulänglich
die juridiſche Behandlung der Verpflichtung iſt; ſie muß ſich zu=
frieden geben, wenn nur die Form bekannt wird, ſie muß gleich=
gültig dagegen ſein, welch ein Inhalt dieſer Form gegeben wird,
weil es einen juridiſch feſtgelegten Inhalt dieſer Form nicht giebt.
Auf die Auguſtana haben wir bei Sarcerius ſchon oben hingewieſen;
hier noch der Beweis, daß alle evangeliſchen Theologen der juridiſchen

Verpflichtung auf die Symbole gegenüber gerade bei der Augustana und der Apologie Sünder sind. Wir weisen hin auf Art. IX: De baptismo docent, quod sit necessarius ad salutem; — giebt es einen evangelischen Theologen, der ohne Hintergedanken und ohne Deutelei diesen echt römischen Satz bekennt? Deutelei, mindestens Abschwächung ist doch jener Zusatz Joh. Gerharbs (IX, 282), den er zu dem ad regenerationem et salutem necessarium macht: „interim tamen in casu privationis sive impossibilitatis salvari liberos christianorum per extraordinariam et peculiarem dispensationem divinam. Necessitas enim baptismi non est absoluta, sed ordinata." Wird es solcher Beschwichtigung gegenüber an evangelischen Theologen fehlen, welche den Mut haben zu bekennen: baptismus non est necessarius ad salutem? Wir vermuten, sie werden von der kirch= lichen Behörde wohlwollender angesehen, als jene, die auf die Augustana schwören: baptismus necessarius est ad salutem. Aber wo bleibt da der Wert juridischer Verpflichtung? Endlich, um neben dem ersten Sakrament auch das zweite zu nennen, verweisen wir auf Apol. Art. XIII (VII) De Numero et Usu sacramentorum § 4 und 5. Ich befürchte eine Disziplinar=Untersuchung für den, der mit § 4 bekennen wollte: Vere igitur sunt sacramenta baptismus, coena Domini, absolutio, quae est sacramentum poenitentiae. Also drei Sakramente hat die evangelische Kirche? Wo ist in der evan= gelischen Kirche ein Theologe, der nicht hierin von der symbolischen Lehre und den ganz unmißverständlichen Worten der Apologie ab= weicht, ja denselben in jedem Konfirmandenunterricht auf Grund eines andern Symbols, des kleinen Katechismus, direkt widerspricht? Aber noch weiter: „Et corda simul per verbum et ritum movet Deus, ut credant et concipiant fidem, sicut ait Paulus: Fides ex auditu est. Sicut autem verbum incurrit in aures, ut feriat corda, ita ritus ipse incurrit in oculos, ut moveat corda. Idem effectus et verbi et ritus, sicut praeclare dictum est ab Augustino sacramentum esse verbum visibile, quia ritus oculis accipitur et est quasi pictura verbi, idem significans, quod verbum. Quare idem est utriusque effectus. Also das Heil. Abendmahl hat denselben und keinen anderen Effekt, weder mehr noch weniger, als das Wort Gottes, das gepredigt wird? Wahrlich, zahlreich würden die Delin= quenten sein, deren Lehre daraufhin untersucht würde: ja, es ist zu besorgen, daß es nicht an Behörden fehlen würde, welche mindestens mit ernster Warnung gegen die vorgehen würden, welche der Apologie entsprechend predigen und katechisieren wollten. Doch hiermit sei es genug!

Was ist nun mit diesem Allen bewiesen? Nicht etwa die Berechtigung irgend eines Vorwurfs gegen eine kirchliche Behörde, daß sie es mit der Verpflichtung auf die Symbole und mit der Hand= habung dieser Verpflichtung nicht ernst nähme. Sondern das ist bewiesen, daß die Verpflichtung, mag sie von dieser und von jener Seite noch so sehr so angesehen werden, nicht die Verpflichtung auf ein Lehrgesetz im juridischen Sinne ist und sein kann. Die Ent= wicklung der Lehranschauung der evangelischen Kirche selbst hat dafür gesorgt, daß solch eine der römischen Gesetzeskirche allerdings ent= sprechende, aber nimmermehr der evangelischen Kirche angemessene juridische Verpflichtung nicht statthaft ist. Daher mögen aber auch die Verpflichtenden und die Verpflichteten jeden Gedanken daran aufgeben, als ob die Verpflichtung im juridischen Sinne eigentlich das Normale und die nicht strikte Handhabung dieser juridischen Verpflichtung seitens des Kirchenregiments nur väterliche Lindigkeit gegen die schwachen Kinder wäre.

2.

Neben der juridischen Bedeutung der Verpflichtung auf die Symbole geht eine andere her, die wir der Kürze halber die biblische nennen wollen. Sie stützt ihre Berechtigung vornehmlich auf die ersten Sätze des strengsten und dogmatischesten aller Symbole, der Konkordienformel. Diese Sätze lauten so: „Wir glauben, lehren und bekennen, daß die einige Regel und Richtschnur, nach welcher zugleich alle Lehren und Lehrer gerichtet und geurteilet werden sollen, sind allein die prophetischen und apostolischen Schriften altes und neues Testaments, wie geschrieben stehet: „Dein Wort ist meines Fußes Leuchte und ein Licht auf meinem Wege, Ps. 119". Und St. Paulus: „Wenn ein Engel vom Himmel käme und predigte anders, der soll verflucht sein, Gal. 1." — „Andere Schriften aber der alten oder neuen Lehrer, wie sie Namen haben, sollen der heiligen Schrift nicht gleich gehalten, sondern alle zumal mit ein= ander derselben unterworfen, und anders oder weiter nicht

angenommen werden, denn als Zeugen, welcher Gestalt nach der Apostel
Zeit und an welchen Orten solche Lehren der Propheten und Apostel
erhalten worden." So weit die Konkordienformel. Was ist damit
ausgesprochen? Nichts Geringeres, als die unbedingte Herrschaft
der Heil. Schrift, der prophetischen und apostolischen Schriften, über
alle Symbole und deren Lehraufstellungen, oder mit anderen Worten:
es ist damit das seit den dreißiger Jahren unsers Jahr=
hunderts sogenannte Formalprinzip der evangelischen Kirche
verkündet. Die Schriften alter und neuer Lehrer (mit Ausnahme
der Propheten und Apostel), mögen sie einen Namen haben, welchen
sie wollen, sind dem Richterstuhl der Heil. Schrift zu unterwerfen,
weil sie nur den Wert von Zeugen aus einer bestimmten Zeit und
für einen bestimmten Ort haben, wie in jener Zeit und an jenem
Ort die Lehre der Propheten und Apostel verstanden worden ist.
Im weiteren Verlauf der Vorrede der Konkordienformel sind die
Verfasser zwar ihrerseits der Überzeugung, daß die Symbole sämmt=
lich mit den prophetischen und apostolischen Schriften in völliger
Übereinstimmung sich befinden; allein das schwächt das gesunde Prinzip
nicht ab, daß alle überlieferten Symbole, wie alle anderen Schriften
alter und neuer Lehrer vor allem zeitgeschichtlich wollen verstanden
sein, und daß diesem zeitgeschichtlichen Verständniß derselben gegen=
über die evangelische Kirche nach Norm der Heil. Schrift zu ent=
scheiden hat, in wie weit jene Norm des Glaubens und der Lehre
zu sein den Anspruch erheben dürfen. Wir nennen dies Prinzip mit
Betonung gesund, weil dadurch jene so weit verbreitete Praxis ver=
urteilt wird, nach welcher man sich nicht um den ursprünglichen
Sinn der Einzelbestimmungen der Symbole bemüht, sondern nach
unserm zeitgeschichtlichen Verständniß diese Einzelbestimmungen um=
deutet und ihnen einen von dem ursprünglichen teilweise ganz ver=
schiedenen Inhalt giebt, aber dabei dennoch auf die normative
Autorität der Symbole pocht. Man bemühe sich, um Beispiele an=
zuführen, einmal ernstlich darum, den ursprünglichen Sinn jener
resurrectio carnis im Apostolikum, jenes baptismus est necessarius
ad salutem der Augustana zu ermitteln, prüfe diesen ursprünglichen
Sinn an der Heil. Schrift und frage sich ernstlich, ob beides sich
deckt und ob man mit gutem Gewissen fortfahren kann, die Symbol=
autorität in dem bisher beliebten Sinne festzuhalten.

Wir sind nicht im Zweifel, wie die Entscheidung bei sehr vielen gläubigen evangelischen Theologen ausfallen wird; aber eben deshalb meinen wir auch die besorgte Frage aus dem Herzen dieser Vielen zu vernehmen, ob denn jenes Prinzip der Konkordienformel wirklich für die Aufrechthaltung der unentbehrlichen Symbolautorität genüge. Wie stehen da vor folgenden Erwägungen. Zugegeben ist ohne weiteres, daß jede Symbollehre nur soweit Autorität für Glauben und Lehre hat, als sie aus der Heil. Schrift als schriftgemäß erwiesen werden kann. Allein 1) entsteht die Frage, ob nicht gerade dadurch die Autorität der Symbole völlig unterwühlt wird. Die Jahre liegen noch nicht so sehr weit hinter uns, in denen sich die Theologen um die Stichworte Quia und Quatenus stritten; die Einen behaupteten: die Symbole seien autoritativ, quia sie mit der Heil. Schrift in Übereinstimmung sich befänden; die Anderen behaupteten, die Symbole seien autoritativ, quatenus sie schriftgemäß seien. Das Prinzip der Konkordienformel ist wohl ohne Frage das Quatenus, und erst durch die Untersuchung kann das Quia möglicherweise gewonnen werden. Ich verweise wiederum auf die resurrectio carnis, die Necessitas baptismi ad salutem, die Dreizahl der Sakramente in der Apologie und dgl., um das Quia, das die Väter der Konkordienformel in gutem Glauben behauptet haben, als nicht durchführbar abzulehnen. Also die Symbole sind autoritativ, quatenus sie schriftgemäß sind. Nun ja, das ist schon richtig; aber dann sinken die Symbole auf die Linie aller anderen Schriftstücke hinab. Ich würde kein Hinderniß sehen, unter dem Schutze des Quatenus mich auch auf das Tridentinum, oder auch auf einen Jahrgang „Reichsbote“ oder „Kölnische Zeitung“ verpflichten zu lassen, weil alle meine Anerkennung dessen, worauf ich verpflichtet werde, nicht von diesem aus, sondern von der Heil. Schrift aus begründet ist, also die Heil. Schrift ganz allein Norma normans meines Glaubens und meiner Lehre ist. 2) Jedoch, hat der alte Samuel Werenfels nicht ein sehr wahres Wort in seinem Distichon über die Heil. Schrift gesprochen: Hic liber est, in quo quaerit sua dogmata quisque, Invenit et pariter dogmata quisque sua? Fragen wir doch die zahllosen protestantischen Sekten, die Baptisten und Methodisten, die Irvingianer und Darbysten, ob sie nicht ohne Ausnahme sich für alle ihre Lehren und Praktiken ausschließlich auf die Heil. Schrift berufen.

Und nicht nur sie, man frage doch die römische Kirche und die griechische Kirche, ob sie für ihre Satzungen etwa nicht die Autorität der Heil. Schrift in Anspruch nehmen; man werfe einen Blick in den jetzt wieder in der römischen Kirche zur hohen Autorität erhobenen Thomas von Aquino, ob der es etwa unterläßt, jeden seiner Sätze mit einem Schriftbeweis auszustatten. Gewiß, wir sind alle darin eins, es ist ein Mißbrauch der Heil. Schrift, es ist eine ganz falsche und verwerfliche Auslegung der Heil. Schrift, durch welche allein jene Sekten und diese irrenden Kirchen den Schein der Schriftmäßigkeit um sich verbreiten oder vielmehr um sich zu verbreiten versuchen können. Allein ich fürchte, gerade dasselbe werfen sie uns vor, und wer entscheidet, wer recht hat? Dem einzelnen evangelischen Theo= logen kann es ja natürlich nicht ohne weiteres überlassen werden, sein individuelles Verständnis der Heil. Schrift zum Richter über die Symbole zu setzen, so sehr sich auch der Einzelne durch dies sein individuelles Schriftverständnis über seine Abweichung von der ihn verpflichtenden Autorität der Symbole mit gewissem Rechte zu be= ruhigen vermag. Intensiver wird die Beruhigung sein, wenn der Einzelne sich auf die Autorität hervorragender Exegeten zu berufen vermag und nun siegesfroh sich unter den Flügeln seines Beck, v. Hof= mann, Ritschl, B. Weiß oder wie sie heißen mögen, geborgen weiß. Allein diese hochberühmten Exegeten weichen leider sehr bedeutend von einander ab, und keiner unter ihnen hat die Würde eines allgemein von der evangelischen Kirche anerkannten normativen Exegeten. Oder setzen wir an die Stelle dieser modernen Exegeten unsere Reformatoren, den Meister Calvin oder Luther, — niemand ist von fern verpflichtet, deren Exegese als ausschließlich richtige anzusehen. Scheinbar um vieles besser daran ist die römische Kirche; sie hat nicht nur eine kirchlich sanktionierte lateinische Übersetzung der Heil. Schrift — und wehe dem, der sie nicht für völlig korrekt hält —, sie hat auch eine festgelegte und autoritative Auslegung der Heil. Schrift — und wehe dem, der diese kirchliche Auslegung nicht für völlig korrekt hält, anathema sit! Aus der Stimmung und Strömung, die heutzutage für spezifisch gläubig an manchen Orten gehalten wird, könnten wir verstehen, wenn sich die entschiedene Forderung innerhalb der evan= gelischen Kirche nach solcher autoritativen Übersetzung und solcher autoritativen Auslegung erhöbe, damit wir der schwächenden Uneinig=

keit überhoben würden, damit „man" doch endlich einmal ganz klar
und fest wissen könnte, was „man" als evangelischer Christ glauben
und lehren müßte. Diese Rede würde ich verstehen, aber mit tiefem
Schmerz beklagen; sie würde außer vielen anderen Beweisen
ein neuer Beweis sein, daß in weiten Kreisen das Verständnis für die Grundanschauungen der evangelischen
Kirche verloren ist, und daß in weiten Kreisen man sich
für kirchlich fromm und korrekt hält, wenn man römisch
denkt und römisch urteilt. Es ist eben eine einfache Thatsache,
mit der auf Schritt und Tritt ehrlichen Sinnes gerechnet werden
muß, daß die evangelische Kirche weder eine autoritative Übersetzung
noch eine autoritative Auslegung der Heil. Schrift hat, daß daher
das bloße abstrakte „Schriftprinzip" zur Festsetzung des Inhalts
des Glaubens und der Lehre in der evangelischen Kirche nicht ausreicht, weil jede autoritative kirchliche Norm für die Auslegung der
Heil. Schrift fehlt. Allerdings in einem Fall und, so weit es mir
gegenwärtig ist, nur in diesem einen Falle pflegt man von „der gemeinen Auslegung der evangelischen Kirche" zu reden, nämlich bei
den Bestimmungen über die kirchlich anzuerkennenden Ehescheidungs-
gründe zum Behuf der Wiedertrauung Geschiedener; die „gemeine
Auslegung" sei der Meinung, die Heil. Schrift gestatte die gericht-
liche Ehescheidung, daher auch die Wiedertrauung Geschiedener, natürlich nur des sog. unschuldigen Teils, bei Ehebruch und „böslicher"
Verlassung. Aber die „gemeine Meinung" dürfte doch wohl dahin
lauten, daß kein Recht besteht, solche Auslegung die „gemeine" zu
nennen, und daß diese sog. „gemeine" Auslegung sich entschieden
auf dem Holzwege befindet. Wir haben uns glücklich zu preisen, daß
die Geltendmachung der „gemeinen Auslegung" sich auf diesen Fall
beschränkt hat.

3.

Bisher haben wir gesehen, daß eine juridische Verpflichtung
auf die Symbole der Natur der Sache nach völlig ausgeschlossen
ist, nicht in der römischen, wohl aber in der evangelischen Kirche;
daß aber auch eine Verpflichtung auf die Symbole, insofern sie
schriftgemäß sind, nicht ausreicht, weil keine maßgebende Autorität,
weder der Tradition noch einer kirchlichen Behörde, in der evangelischen
Kirche vorhanden ist, welche uns sagt, was schriftgemäß sei, und es

weder dem einzelnen evangelischen Theologen, noch den einzelnen theologischen Schulen überlassen werden kann, eine derartige auto= ritative Bestimmung zu treffen. Die Schwierigkeit unserer Aufgabe beginnt jetzt, da wir es unternehmen, die positiven Normen oder den positiven evangelischen Sinn der Verpflichtung auf die Symbole zu entwickeln.

Welches mag wohl der letzte Grund sein für die unleugbare Mißlichkeit der Lage, in der die evangelische Kirche sich den Sym= bolen und der Art und Weise der Verpflichtung auf dieselben gegen= über befindet? Aus den obigen Darlegungen dürfte sich das ergeben, daß der vielberufene „Unglaube" unter den evangelischen Theologen, oder daß die moderne kirchengeschichtliche oder dogmatische „Kritik" keine Schuld an diesem Mißstande trägt. Wir leugnen nicht, daß es solchen Unglauben gebe, auch nicht, daß jene Kritik Irrwege gehen kann und manchmal geht: allein auch in den kirchlich korrektesten Kreisen wird man jenen Mißstand ebenso empfinden, sobald man durchgreifenden Ernst mit der juridischen oder biblischen Art der Verpflichtung zu machen beginnt; den Mißstand nämlich, daß der Schlüssel, den man handhabt, wohl bei großer Nachsicht und Gewalt= samkeit, wohl bei Anwendung von Willkür und ungleichem Maß zur Not zu handhaben ist, daß er aber für das Schloß durchaus nicht paßt. Wir fragen noch einmal: Welches mag der letzte Grund für diesen Mißstand sein? Zuvor eine kleine Geschichte, die ich in einer Predigt Spurgeons gelesen habe. Ein Hirtenjunge, der ohne Erziehung und ohne Unterricht aufgewachsen war, wurde durch einen baptistischen Prediger erweckt. Er kommt zu Spurgeon (oder zu einem andern Prediger) und bittet um Aufnahme in die Gemeinde. Der Prediger fragt ihn, ob er denn die Lehren der Gemeinde als wahr anerkenne; er antwortet: von diesen Lehren weiß ich nichts, ich weiß nur, daß ich ein Sünder bin und daß der Herr Jesus mich selig macht. Aber er müßte doch über diese oder jene Lehre, wer der Herr Jesus sei, welches der Weg zur Seligkeit sei, etwas Genaueres aussagen; die Antwort lautet: das kann ich nicht, das weiß ich nicht, ich weiß nur dies, daß ich ein Sünder bin und daß der Herr Jesus mich selig macht. Dabei steht er, dabei bleibt er, und verständigerweise ist das Presbyterium mit dem Prediger einverstanden, daß der Hirtenjunge würdig ist, durch die Taufe ein

Achelis, Zur Symbolfrage. 2

Glied der Baptistengemeinde zu werden. Diese Geschichte, die ich vor mehreren Jahren las, hat sich mir tief eingeprägt, und immer wieder kehren meine Gedanken, so oft ich über die kirchliche Not unserer Tage reflektiere, auf den Hirtenjungen zurück. Was ist denn dies „Wissen" des Hirtenjungen? Ist es etwas Anderes, als der Glaube im evangelischen Sinne des Wortes, der Glaube, noch fern von jeder Gnosis, jeder Theologie, jeder Lehre? Ist es etwas Anderes, als das Grundbekenntnis aller Bekenntnisse, nur Bekenntnis, dasselbe Bekenntnis, das Luther so unvergleichlich schön im 2. Artikel ausspricht: „Ich glaube, daß Jesus Christus sei mein Herr, der mich verlorenen und verdammten Menschen erlöset, erworben und gewonnen hat usw.?" Sollte es nicht der evangelischen Kirche in hohem Maße würdig sein, auf Grund dieses Glaubens auch die Bekenntnisfrage zu lösen und den richtigen Weg zu finden, wie die Verpflichtung auf die Bekenntnisse, die Symbole, einzurichten sei? Ich bin überhaupt der Meinung, und bin bereit, es für alle Fälle zu erhärten, daß sämmtliche Nöte und Verirrungen der evangelischen Kirche auf zwei Ursachen sich zurückführen lassen, nämlich einmal darauf, daß man mit dem evangelischen (und neu= testamentlichen) Begriff von der Kirche (ecclesia) nicht Ernst macht, sondern seine Vorstellungen von der Kirche sich von Rom her beeinflussen läßt, und sodann — und das kommt bei unserer Frage in Betracht — daß man mit dem evangelischen (und paulinischen) Begriff des Glaubens nicht Ernst macht, sondern vielmehr in ängstlicher Scheu vor Unordnung und Lehrunsicherheit bei Rom Anleihen macht.

Bei allen evangelischen Lesern setze ich voraus, daß sie darin ein= verstanden sind, daß jenes Wissen des Hirtenjungen, „daß ich ein Sünder bin und daß der Herr Jesus mich selig macht", der korrekte Ausdruck der fides justificans ist, wie sie der 4. Artikel der Augustana lehrt, der Glaube, von dem Luther in der Vorrede zum Römerbrief sagt, daß er uns neu gebieret aus Gott und uns zu ganz andern Menschen macht. Gewiß würde schon sehr viel gewonnen sein, wenn jede Kirchenbehörde jedem Kandidaten vor aller Verpflichtung die Frage vorlegte: weißt du, was jener Hirtenjunge weiß? Damit würde eine solide Grundlage für jede weitere Ver= handlung geschaffen sein, und etwaige theologische Differenzen

werden auf das richtige Maß ihres Wertes zurückgeführt werden.
Doch es ist nicht meine Meinung, daß die Verpflichtung auf die
Symbole sich mit dieser Frage begnügen solle; nur die Grundlage
soll sie sein, und alle Verpflichtung auf alle Lehre, sie soll von
dieser Grundlage ausgehen, sie soll glaubensgemäß sein. Eine
solche glaubensgemäße Auffassung der Lehren wird vor der großen
Gefahr sich hüten, daß die bloße Zustimmung zu Lehrformeln für
Glauben gehalten wird, und Lehrbestimmungen, die nur angebliche
oder auch thatsächliche Voraussetzungen des Glaubens sind, denen
man aber mit aller Plerophorie des Pathos zustimmen und dabei
doch ein völlig glaubensloser und sittlich schlechter Mensch bleiben
kann, — solche Lehrbestimmungen werden in ihrer Formulierung der
theologischen, oder vielleicht besser: der religiös= philosophischen Dis=
kussion unterworfen bleiben müssen. Man wird einen Unterschied
machen und durchhalten müssen zwischen Religion und Theologie,
und man wird theologische Sätze oder Bekenntnisse, die einer früheren
Zeit als korrekte Aussage des Glaubensinhaltes erschienen oder auch
in die Symbole mehr oder weniger unbesehens herübergenommen sind,
als diskutable Theologumena zu behandeln genötigt sein.

Vielleicht ist es gut, daß wir statt aller weiteren theoretischen
Auseinandersetzungen mit unserem, vielmehr dem evangelischen
Glaubensbegriff an die Symbole herantreten und die evangelische
Glaubensstellung zu ihnen markieren.

Wir beginnen 1. mit dem sog. Symbolum Athanasianum oder
S. quicumque. Es beginnt mit den Sätzen: Quicumque vult salvus
esse, ante omnia opus est, ut teneat Catholicam fidem. Quam
nisi quisque integram inviolatamque servaverit, absque dubio in
aeternum peribit. Es schließt mit den Worten: Haec est fides
Catholica; quam nisi quisque fideliter firmiterque crediderit,
salvus esse non poterit. Die gewöhnlich angeführte deutsche Über=
setzung hat den Text gefälscht, indem sie Catholicam fidem durch
„den rechten christlichen Glauben“ wiedergab. Zwischen jenem ersten
und dem letzten Satz stehen Lehrbestimmungen über transcendente
Trinität, über die Art und Weise, wie Gottheit und Menschheit
in Jesus Christus vereinigt sei u. dgl. Wer diese für unsere mensch=
liche Vernunft völlig undurchdringbaren Sätze liest, von denen jeder
durch folgende Sätze wieder aufgehoben scheint, der tritt mit innerer

2*

Befreiung auf Melanthons Seite, der in der ersten Ausgabe seiner Loci lehrt: trinitatem esse adorandam, non cognoscendam. So= dann: ist das nach evangelischem Begriff des Glaubens denn wirklich wahr, daß jeder, der selig werden will, vor allem den katholischen Glauben festhalten muß, und daß jeder, der ihn nicht rein und unverletzt bewahrt, ohne Zweifel ewig wird verloren gehen? Nämlich den katholischen Glauben, der, wie der letzte Satz lehrt, in diesem Symbolum dargelegt ist; wer ihn nicht treu und fest glaubt, wird nicht selig werden können. Wohlgemerkt: es steht nicht da, wer etwas diesen Bestimmungen Widerstreitendes lehre oder glaube, könne nicht selig werden; auch nicht, wer ohne sich mit dem Unbegreiflichen abzumühen, diese Bestimmungen auf die Autorität der Kirche hin auf sich beruhen lasse im Verzichtleisten auf eigenes Urteil; sondern: jeder, der sie nicht treu und fest glaubt, wird nicht selig werden können.

Daran läßt sich weder deuteln noch rütteln. Aber zweierlei geht daraus mit Sicherheit hervor: 1) daß von den evangelischen Christen nur sehr wenige selig werden können, wenn dies Symbol in Geltung bleibt und Wahrheit hat. Mit den römischen Christen steht es zwar geradeso; allein die römische Kirche hat die Hinterthüre der fides implicita und die thut hier wie anderswo treffliche Dienste; wir Evangelischen haben diese fides implicita nicht, weil unser Glaubensbegriff Gott sei Dank ein anderer und besserer ist. Weil wir uns mit der fides implicita nicht helfen können, so müssen wir nach diesen Sätzen gerichtet werden. Wie viele von unsern wirklich frommen Gemeindegliedern, wie viele unserer tüchtigen evangelischen Theologen werden wir wohl korrekt finden, wenn wir sie auf dieses Symbolum examinieren wollten; und von dem wohlbestandenen Examen hängt ja die Seligkeit ab! Aber wenn's wahr ist, so kann ich unsere Brüder, die sich mit starker Betonung streng kirchlich nennen und auf das Lehrgesetz der Symbole so großen Nachdruck legen, nicht begreifen; warum lehren sie es denn nicht ihren Kon= firmanden, warum predigen sie es nicht ihrer Gemeinde, daß jeder, der diesen im Symbolum Quicumque dargelegten Glauben der katholischen Kirche nicht treu und fest glaube, nicht selig werden könne? Warum fordern sie nicht wenigstens, daß jeder Konfirmand dies Symbolum auswendig herzsagen kann? Es hängt ja die Seligkeit davon ab! Aber freilich, mißlich würde solch ein durch das Symbol selbst gefordertes Vorgehen sein; denn hoffentlich wird es Kirchenbehörden geben, die auf den evangelischen Glauben noch etwas halten und mit dem streng lutherischen Erlanger G. Plitt erklären, daß in diesem Symbolum in falscher Weise die Seligkeit von der Annahme eines formulierten Glaubensbekenntnisses abhängig gemacht wird (Theol. Real=Encykl. 2. Aufl., I, 747 f.); und im Namen des evangelischen Glaubens werden dann hoffentlich jene Kirchenbehörden gegen diejenigen disziplinarisch einschreiten, welche so völlig unevangelisch und widerevangelisch lehren wollten, wie dies Symbolum lehrt. 2. Aber auch dies ist deutlich, daß wir mit unserer Verpflichtung auf die Symbole, wenn wir diese Verpflichtung in irgend einer Weise juridisch auffassen, in eine heillose Zwickmühle geraten. Wir sollen glauben und lehren, wie die Symbole vor= schreiben; lehren und glauben wir nicht so, so werden wir namens der kirchlichen Ordnung zur Verantwortung gezogen; lehren und glauben wir so, so werden wir hoffentlich erst recht zur Ver= antwortung gezogen, nicht namens der kirchlichen Ordnung, sondern namens einer viel höheren Instanz, nämlich des evangelischen Glaubens, der mit jenem Hirtenjungen spricht: „Ich weiß, daß ich ein Sünder bin und daß der Herr Jesus mich selig macht." Noch vor kurzem hat wieder einmal die Deutsche Evangelische Kirchenzeitung (Nr. 35) den Mut gehabt, den juridischen Sinn der Verpflichtung auf die Symbole scharf geltend zu machen; jeden Juristen, schreibt sie, der öffentlich vor Vertretern seines Bezirks, in dem er amtiert, erklären wollte, daß er nicht auf dem Grunde des Gesetzes stände, das er bekennen und vertreten soll, würde man erbarmungslos aus dem Amt entfernen, wenn er solche Erklärung nicht zurücknähme, — so müsse auch bei jedem „Geistlichen" vorgegangen werden, der die Symbole, auf die er verpflichtet ist, nicht wie Gesetzesparagraphen vertrete. Solche Rede ist wohl nur eine Waffe, die man bei Gelegenheit der Polemik gegen mißliebige Professoren schwingt und sie ist nicht ernst gemeint; sollte sie doch ernst gemeint sein, nun, so wissen die Theologen der Deutschen Evang. Kirchenzeitung nicht, was sie thun oder reden, und sie werden an dem Maße, mit dem sie andere richten, selbst zu schanden werden, vor allem an dem Symbolum Quicumque. Noch ein Drittes möchte ich hinzufügen.

sie es ja deutlich, daß wir so, wie es dasteht, das Symbolum
Quicunque gar nicht als evangelisches Symbolum anerkennen können
und im Interesse des evangelischen Glaubens und Bekenntnisses dahin
zu wirken haben, daß es so wie es ist aus der Reihe der
evangelischen Symbole gestrichen werde. Man könnte freilich auf den
Gedanken kommen, die betreffenden unevangelischen Paragraphen,
also § 1, 2, 26, 27, 40 einfach zu streichen und das Übrige als
Glaubensgesetz und Lehrgesetz stehen zu lassen. Allein dann ist's das
Symbolum Quicunque nicht mehr, sondern ein neues Symbol, und
[...] in die widerspruchsvolle Lage geraten, eine
[...unleserlich...]
[...unleserlich...]
[...unleserlich...]
[...unleserlich...] glaubensgemäß [...unleserlich...]
[...unleserlich...]
[...unleserlich...]

[...unleserlich...]
[...unleserlich...] Nicäno-Constantinopolitanum [...unleserlich...]
[...unleserlich...]
[...unleserlich...]
[...unleserlich...]
[...unleserlich...]
[...unleserlich...] Nic.-Const. [...unleserlich...]
[...unleserlich...]
[...unleserlich...], nur jedoch sehr bald dem Symb. Apost.
Platz zu machen. Hier und da wird das Nic.-Constant. in deutschen
Liturgieen an einzelnen Festen gottesdienstlich verwertet: im Katechu-
menen=Unterricht hat es keine Stelle, sondern im Katechumenen=Unter-
richt wie in der Liturgie ist das eigentliche Gebrauchssymbol in der
evangelischen Kirche, soweit die altkirchlichen Symbole in Betracht
kommen, lediglich das Symb. Apostol. Jenes Nic.-Constant. kennt
die Gemeinde kaum, ihr erscheint es wie ein fremder Gast hier und
da bei ihren Festen, und sie würde es kaum vermissen, wenn es
auch da durch das Symb. Apostol. ersetzt würde. Das religiöse
Interesse der Gemeinde und der Kampf, der heutigestages wieder
zu entbrennen scheint, dreht sich um das Symb. Apostol. und nur

um dies. Eben um deswillen hat es seine besondere Mißlichkeit, über die Verpflichtung auf das Symb. Apostol. gegenwärtig zu reden; die Gemüter sind erregt, und es wird manchem schwer werden, unbefangen und ruhig einer sachlichen Erörterung zu folgen und nicht sofort mit Verdächtigungen über den Glaubensstand bei der Hand zu sein, sobald die Erörterungen einen Gang nehmen, der von der altgewohnten Heerstraße etwas abbiegt. Wenn ich gleichwohl über das Symb. Apostol. das Wort nehme, so geschieht es im Vertrauen auf die Leser, daß ihnen die Sache, um die es sich handelt, doch zu wichtig ist, als daß mit Verdächtigung wohlbegründeter An= schauungen etwas Ersprießliches auszurichten wäre.

Als gemeinsamen Boden setze ich voraus, daß es sich um die **religiöse Wertung des Apostolikums** innerhalb der evangelischen Kirche handelt, und daß der Maßstab dieses religiösen Wertes der Zusammenhang ist, den das Apo= stolikum und seine einzelnen Stücke mit dem evangelischen Glauben haben, der da spricht: ich weiß, daß ich ein Sünder bin und daß der Herr Jesus mich selig macht. Es scheint nun allerdings, daß wir der Willkür nicht zu entgehen ver= mögen, sobald wir diese religiöse Wertung näher zu bestimmen unternehmen: allein dem ist doch wohl nicht so. Wir sind nämlich in der wirklich sehr glücklichen Lage, von höchst kompetenter Hand eine Darlegung des religiösen Wertes des Apostolikums, also des Wertes, welchen das Apostolikum für das evangelische Glaubens= leben hat, zu besitzen, eine Darlegung, welcher die evangelische Kirche selbst die höchste Autorität dadurch gegeben hat, daß sie dieselbe in ihre symbolischen Bücher aufnahm. Wir sind also kraft unsrer Verpflichtung auf die Symbole kirchen=ordnungsmäßig verpflichtet, dieser Darlegung des religiösen **Wertes des Apostolikums** für unser Glaubensleben die sorgfältigste Aufmerksamkeit zu widmen. Die höchst kompetente Hand ist die unseres Reformators Luther, und der Ort, wo er jene Dar= legung niedergelegt hat, ist der Kleine Katechismus, der nebst dem Großen Katechismus bekanntlich primo loco zu unsern symbolischen Büchern gehört. Es würde nun überhaupt recht heilsam sein, wenn wir uns bei allem theologischen und kirchlichen Streit auf die Katechismus = Wahrheiten etwas mehr besännen und damit den religiösen, den glaubensgemäßen Maßstab sicherer zu gebrauchen uns gewöhnten. In dem 2. Hauptstück des Kleinen Katechismus behandelt nun Luther das Apostolikum, und meisterlich hebt er die religiöse Bedeutung desselben für unser Glaubensleben ans Licht. Luther citiert die drei Artikel nach einander und stellt bei jedem Artikel die Frage: was ist das? d. h. welchen Wert hat das für uns, was bedeutet das für unser Christentum, für unser Glaubens= leben? Sehen wir uns doch etwas näher das Einzelne an. Was für eine religiöse Bedeutung hat der erste Artikel? Ich glaube, daß mich Gott geschaffen hat sammt allen Kreaturen u. s. w. Also für mein christliches Leben und seliges Sterben hat der erste Artikel die Bedeutung, daß ich mich in meinem Dasein und in meinem Zustand von Gott und nur von Gott absolut abhängig weiß; vermöge meines Zusammenhanges mit allen Dingen der ganzen Welt kann ich aber dies Vertrauen nicht haben, ohne daß ich die gleiche Abhängigkeit allen Kreaturen zuschreibe, — und nur dies ist die religiöse Be= deutung, welche die Erschaffung Himmels und der Erden durch Gott für mein christliches Leben und mein seliges Sterben hat. Darum läßt es auch Luther mit dem einzigen Ausdruck „sammt allen Kreaturen" bewenden, und beschreibt bis ans Ende der Erklärung lediglich, was dies: „ich glaube, daß mich Gott geschaffen hat" in sich faßt, und wie schon daraus die lautere väterliche göttliche Güte und Barmherzigkeit mir täglich und stündlich entgegenleuchtet, mir eine unabläßige Mahnung zum Lob, Dank, Dienst und Gehorsam. Die Beantwortung anderer Fragen, z. B. in wie viel Abschnitten Gott Himmel und Erde erschaffen habe, ob diese Abschnitte Tage von 24 Stunden oder längere Epochen gewesen seien, was Gott zuerst, was hernach Gott geschaffen habe, welcher Mittel und Ver= mittelungen Gott sich bei der Erschaffung der Welt bedient habe und dgl. mehr, kann so oder so ausfallen, die Gründe für diese oder jene Entscheidung können mir mehr oder weniger gewichtig erscheinen, aber für mein christliches Leben und mein seliges Sterben trägt diese oder jene Beantwortung nichts aus, weil die Beantwortung von anderen Instanzen als vom evangelischen Glauben aus zu geben ist.

Von dem zweiten Artikel sagt Luther im Großen Katechismus: „Auch steht das ganze Evangelium, so wir predigen, darauf, daß man diesen Artikel recht fasse, als an dem alle unser Heil und Seligkeit liegt, und so reich und weit ist, daß wir immer genug daran zu lernen haben." Wir stimmen alle aus tiefstem Herzensgrund diesen Worten Luthers bei. Es soll uns eine heilige Mahnung sein, um so sorgsamer und zarter unsre Erörterungen zu fassen. Vergleichen wir den Wortlaut des Artikels mit der religiösen Bedeutung desselben, die Luther in dem „Was ist das?" enthüllt, so bemerken wir, daß das „empfangen vom heiligen Geist" nicht selbständig, sondern als Voraussetzung von „geboren von der Jungfrau Maria" verwendet wird, daß dem Pontius Pilatus keine religiöse Bedeutung zukommt, daß das „niedergefahren zur Hölle" nicht erwähnt wird, und daß der religiöse Wert des „aufgefahren gen Himmel, sitzend zur Rechten Gottes, des allmächtigen Vaters, von dannen er kommen wird zu richten die Lebendigen und die Toten", darein gesetzt wird, daß „Jesus Christus lebet und regieret in Ewigkeit." „Diese einzelnen Stücke", sagt Luther im Gr. Kat., „alle sonderlich auszustreichen, gehört nicht in die kurze Kinderpredigt, sondern in die große Predigt über das ganze Jahr, sonderlich auf die Zeiten, so dazu geordnet sind, einen jeglichen Artikel in die Länge zu handeln, von der Geburt, Leiden, Auferstehen, Himmelfahrt Christi u. s. w." Aber mit all diesem soll doch nur das „lebet und regieret in Ewigkeit" ausgestrichen und in die Länge gezogen werden, es soll alles nur eine Erläuterung sein von dem „lebet und regieret in Ewigkeit", es soll nicht neue religiöse Werte hinzubringen, die den Kindern etwa vorenthalten wären, weil sie dieselben noch nicht verstehen: sondern der Sinn ist der, daß die Kinder, wenn sie das „lebet und regieret in Ewigkeit" haben, alles haben, was zu ihrer Seligkeit nötig ist. Wäre jenes der Fall, so würde den Kindern nur ein Stück des Christentums geboten, nicht das ganze, und der Katechumenat würde so ziemlich auf das ganze Christenleben ausgedehnt.

Welches ist nun aber nach Luthers Erklärung der eigentliche Inhalt des Glaubens inbetreff des zweiten Artikels? Ich denke, die Konstruktion der Sätze selbst giebt es uns an die Hand. Der Inhalt des Glaubens ist: Ich glaube, daß Jesus Christus sei mein Herr, der mich verlorenen und verdammten Menschen u. s. w. bis ans Ende. Die Worte „wahrhaftiger Gott vom Vater in Ewigkeit geboren, und auch wahrhaftiger Mensch von der Jungfrau Maria

geboren" sind dem Satzgefüge nach ein subordiniertes Moment, ein
Attribut zu Jesus Christus; sie sind der Satzform nach nicht der
zentrale Inhalt des Glaubens, denn Luther sagt nicht: ich glaube,
daß Jesus Christus wahrhaftiger Gott ist, vom Vater in Ewigkeit
geboren, und auch wahrhaftiger Mensch ist, von der Jungfrau
Maria geboren, und mein Herr ist," er setzt jene Worte nicht als
gleichwertigen Inhalt des Glaubens zu „mein Herr", sie sind ihm
vielmehr eine Voraussetzung davon, daß Jesus Christus mein Herr
sein könne; er würde es nicht sein können, wenn nicht das von ihm
auszusagen wäre, was jene Worte von ihm aussagen. Es ist freilich
allbekannt, welch ein Gewicht Luther stets auf die Gottheit Christi
im altkirchlichen Sinne gelegt hat; aber es ist ein Zeichen seiner
christlichen Heilserkenntnis, daß er trotzdem den betreffenden Satz dem
anderen Satze: sei mein Herr subordiniert hat. Daß die soeben
gegebene Auffassung die richtige ist, läßt sich aus Luthers eigenen
Ausführungen beweisen. Im Gr. Katechismus sagt er: „Wenn man
nun fragt: Was glaubst du im ganzen Artikel von Jesu Christo?
antworte aufs kürzeste: Ich glaube, daß Jesus Christus, wahrhaftiger
Gottes Sohn, sei mein Herr worden. Was ist nun das: „ein Herr
werden?" Das ist's, daß er mich erlöst hat von Sünde, vom Teufel, vom
Tode und allem Unglück." Weshalb aber, fragen wir, sind denn jene
Worte: „wahrhaftiger Gott, vom Vater in Ewigkeit geboren, und
auch wahrhaftiger Mensch, von der Jungfrau Maria geboren," die
Voraussetzung davon, daß er mein Herr sein könne und sei? Auch
darauf giebt Luther uns die Antwort im Gr. Katechismus: „nämlich
daß er Mensch geworden, von dem heiligen Geist und der Jungfrau
ohne alle Sünde empfangen und geboren, auf daß er der Sünde
Herr wäre." Dieses also ist die Bedeutung jener Worte für
unser Christenleben; gewiß, wenn Jesus Christus nicht der Sünde
Herr ist, kann ich nicht christlich leben und selig sterben. Wir
wollen einmal an ein Sterbebett hinantreten. Der Sterbende betet
mit Auslassung jener Worte gläubig und inbrünstig den zweiten
Artikel; auf unsere Frage: warum er denn jene Worte ausgelassen
habe, antwortet er: ich vermeide jenes Wort „vom Vater in Ewigkeit
geboren", nicht, weil ich den Heiland für einen sündigen Menschen
halte, gleichwie ich bin, nicht weil ich in ihm die unvergleichliche Gemeinschaft und Einheit mit Gott bezweifele, nicht weil ich sein Wort

beanstande: wer mich siehet, der siehet den Vater, — sondern weil
ich mir gerade bei jenem Ausdruck: „wahrhaftiger Gott, vom Vater
in Ewigkeit geboren" nichts denken kann; die Worte sind für mich
wohl der Ausdruck der göttlichen Würde meines Herrn, aber ein
menschlicher und nicht adäquater Ausdruck. Und ich vermeide auch
die Worte: „wahrhaftiger Mensch, von der Jungfrau Maria geboren",
nicht weil ich den Heiland für einen sündigen Menschen hielte, nicht
auch weil ich nicht glaubte, daß Er der Sünde Herr wäre, sondern
weil ich die Bedeutung nicht erkenne, welche die fleischliche Geburt
aus der Jungfrau für die Reinheit und Hoheit des Innenlebens
Christi haben soll; diese Bedeutung ist nur für trabuzianische Voraus=
setzungen vorhanden, die ich aber theologisch für unrichtig halte; wenn
auch in der Vorgeschichte des Lukas und Matthaeus von der Geburt
aus der Jungfrau die Rede ist, so sehe ich doch nicht, daß der Herr
selbst oder irgend ein Apostel sie erwähnt, geschweige denn religiösen
Wert darauf legt. — Was würden wir dem Sterbenden antworten?
Vielleicht, je nach unserer theologischen Überzeugung, hätten wir als
evangelische Theologen das Recht, in seinen Auslassungen einen Mangel
an Intelligenz, an theologischem Scharfsinn zu entdecken, aber von
jedem evangelischen Theologen ist es namens des evangelischen Glaubens
zu verlangen, hier nicht von einem Glaubensmangel, einem Fehl, der
ihn irgend verhinderte, im Frieden seines Versöhners abzuscheiden,
zu reden. Nun, wie dieser supponierte Sterbende, stehen ungezählte
Lebende; gerade unter den evangelischen Theologen finden sie sich,
die es gelernt haben, daß ein Nachsprechen unverstandener und ihnen
unverständlicher menschlich entstandener Formeln wertlos und positiv
sündhaft ist, und man thut ihnen schweres Unrecht, wenn man ohne
Unterscheidung dessen, was göttlich und was menschlich ist, wie der
Jude Shylock auf seinem Schein, auf dem Buchstaben der Symbole
besteht. Das ist nicht nur hart, es ist unberechtigt und wider alles
Recht im Staate Gottes, wider den Glaubensbegriff der evangelischen
Kirche und wider die sachliche Notwendigkeit, daß Glauben und
Bekenntnis nicht von einander geschieden werden. Aber immer wieder
spielt uns der römische Glaubensbegriff einen bösen Streich: Haec
vero cognitio nihil aliud est, nisi fides, cuius virtus. efficit, ut
id ratum habeamus, quod a Deo traditum esse sanctissimae matris
ecclesiae auctoritas comprobarit (Cat. Rom. Cap. I. qu. 1.).

Über den dritten Artikel des Apostolikums ist bereits oben bei „Auferstehung des Fleisches" geredet. Wir möchten nur bitten, vom evangelischen Glauben aus Luthers schöne Erklärung Wort für Wort durchzugehen, insonderheit das Verhältnis zu erwägen, in welches hier der einzelne Christ zu der Gemeinschaft der Christen, der christlichen Kirche, gesetzt wird, wie diese in so einfacher, tiefer Weise als die Stätte der Wirksamkeit des heiligen Geistes und die Vermittlerin seiner Segnungen und Gaben zeitlich und ewig gewertet wird. Der evangelischen Christenheit würde in früherer Zeit und mehr noch in unseren Tagen eine unermeßliche Last von Beschwerden und Kämpfen in ihrer eigenen Mitte erspart worden sein, wenn die Nachfolger Luthers nicht hätten klüger und kirchlich=frommer sein wollen, als Luther selbst: mit andern Worten, wenn man die unübertreffliche religiöse Deutung des Apostolikums für das evangelische Glaubens= leben, wie Luther sie gegeben, nicht durch theologische Distinktionen und scholastische Erweiterungen und Tisteleien umdunkelt hätte. Wären doch die Gemeinden stets darauf hingewiesen, daß auch der Gebrauch des Apostolikums in der Liturgie keine andere Auffassung bedinge, als der Gebrauch desselben Symbolums in der Kinderlehre, und daß alles und jedes Bekenntnis eben ein Glaubensbekenntnis sei, das vom evan= gelischen Glauben aus erfaßt und beurteilt sein will, wenn es unser Bekenntnis werden soll!

Nach der Konkordienformel sind uns die überlieferten Be= kenntnisse vom Nic. Constantinop. hin bis zur Formula Concordiae selbst Zeugnisse davon, in welcher Gestalt an bestimmten Orten die Glaubenslehre der Propheten und Apostel verstanden worden sei. Was in ihnen wirklich Bekenntnis des christlichen Glaubens ist, das ist unwandelbar; denn der wirkliche christliche Glaube ist stets derselbe, vor 1800 Jahren wurden Sünder nicht auf andere Weise Gottes Kinder und selige Menschen, als sie heute und nach abermals 1800 Jahren es werden. Als evangelische Christen haben wir die unbedingte Zuversicht, daß das, was wir als evangelische Christen unter Glauben verstehen, wirklicher christlicher Glaube ist, gleich= gültig, ob man in der römischen Kirche der Neuzeit, des Mittel= alters, des Altertums etwas Anderes unter Glauben verstand; das Leben auch jenes Glaubens, der Kern, die vor Gott geltende Wirk= lichkeit desselben wird dem gleich sein, was wir evangelischen Christen

Glauben nennen. Aber alle überlieferten Bekenntnisse ohne irgend eine Ausnahme sind nicht reine Bekenntnisse dieses Glaubens, sie sind unter bestimmten Zeitverhältnissen und Zeitaufgaben, unter mancherlei bewußter und unbewußter Beeinflussung von außen her, unter ganz bestimmtem zeitgeschichtlichen Gesichtswinkel zu bestimmten zeitgeschichtlichen Zwecken entstanden und in einer Sprache und einem Begriffsalphabet abgefaßt, welche sie eben als Kinder ihrer Zeit charakterisieren. Gewiß ist mit dem Glauben im evangelischen Sinne des Wortes eine gewisse Erkenntnis verbunden, und diese Glaubens= erkenntnis ist unwandelbar, wie der wirkliche Glaube selbst; allein je ernster und bewegter die Zeit ist, in der die Symbole entstehen, je hartnäckiger und verschlagener die Gegner sind, gegen die sie sich richten, umsomehr müssen den reinen Aussagen des Glaubens Stützen unterbaut werden, die nach dem allgemeinen Verständnis jener Tage die unumgänglichen Voraussetzungen des Glaubens sind, müssen theo= logische Folgerungen gezogen werden, um unliebsamen theologischen Folgerungen der Gegner vorzubeugen, — alles Dinge, die wandelbar sind und zeitlich und vergänglich. Die evangelischen Theologen zu nötigen, diese vergänglichen Dinge als reine Aussagen des Glaubens anzusehen und sie als treffende Aussagen ihres eigenen Glaubens aus= zugeben, ist die Nötigung für die Einen, welche wissen, was wirklicher Glaube ist, zur Unwahrhaftigkeit, für die andern zur Modifikation ihres Glaubensbegriffes im römisch=katholischen Sinne, damit er der widerspruchslose Assensus zu einer kirchlich überlieferten Vorstellung oder Lehrform werde.

Aber wir haben doch von vornherein anerkannt, daß keine Kirche ohne Bekenntnisse und ohne Verpflichtung ihrer Diener auf diese Bekenntnisse existieren könne, — wie denn soll diese Verpflichtung geschehen? Ohne eine als definitiv und vollgültig auftretende Formel geben zu wollen, dürfen wir doch vielleicht die Gesichtspunkte in allgemeiner Weise bezeichnen, welche maßgebend sein müssen. Vor allem ist rücksichtslos und in absoluter Weise mit dem thörichten Gedanken zu brechen, daß eine irgend wie juridische Verpflichtung nach Analogie der Verpflichtung des Richters zur Handhabung des Gesetzesbuchstabens anwendbar wäre und religiös zu entschuldigen. Aber auch davon, meine ich, haben wir uns überzeugt, daß trotz der Forderung der Schriftmäßigkeit unseres Glaubens und Bekenntnisses eine Verpflichtung auf die Symbole, sofern (quatenus) sie nach Urteil des Individuums oder einer Exegetenschule der Heil. Schrift ent= sprechen, nicht dem Wesen der evangelischen Kirche angemessen ist. Es bleibt nur übrig eine Art der Verpflichtung, welche dem evan= gelischen Glauben gemäß ist. Das wird selbstverständlich nicht eine Verpflichtung sein, deren Verletzung mit dem Codex der Symbole in der Hand geahndet werden kann, und wer die Juristerei in der evangelischen Kirche als den Wesensapparat zur Regierung der Kirche ad intra ansieht, wird mit solcher Verpflichtung nichts anzu= fangen wissen. Wer aber der Gewißheit ist, daß er es mit der Kirche Jesu Christi als einer religiösen und sittlichen Größe zu thun hat, wird in solcher glaubensgemäßen Verpflichtung das einzig Mögliche und das einzig Richtige und echt Evangelische finden. Soweit ich sehe, wird es sich um drei Punkte handeln, nämlich 1. ob der Kandidat im Glauben, evangelisch verstanden, stehe; also um mit jenem Hirtenjungen zu reden: weißt du, daß du ein Sünder bist und daß der Herr Jesus dich selig macht? (folgt seelsorgerliche Verständigung) 2. ob der Kandidat in den Symbolen der Kirche den zeitgeschicht= lichen Ausdruck desselben Glaubens erkenne, der uns selig macht; also ob er sich mit seinem Glauben in dem großen geschichtlichen Zusammenhange des wahren Christentums wisse, wovon auch die ehrwürdigen Dokumente einer ferneren oder näheren Vergangenheit als Zeugen dastehen; 3. ob der Kandidat der konfessionellen Anschauung der Kirche, in deren Dienst er tritt, sich anschließe und ihren Ord= nungen, soweit sie nicht gegen den Glauben verstoßen, sich folgsam erweisen wolle.

Das etwa würde die Art der Verpflichtung sein; sie ist nicht juridisch, sie ist zum guten Teil seelsorgerlich. Sie ist basiert auf dem Vertrauen zu der Aufrichtigkeit und dem Ernst der religiösen Gesinnung des Kandidaten, und sie macht dem Kandidaten den Eintritt in den Dienst der Kirche und die Führung des Amtes in der Kirche zu einer sehr ernsten aber auch für alle frommen Herzen sehr seligen Gewissenssache.

Über die „Verpflichtung der evangelischen Theologen auf die Symbole" wollte ich schreiben. Sie muß, wenn das Wesen der Kirche nicht verleugnet werden soll, eine religiös = sittliche, dem „Glauben" der Kirche entsprechende sein. Daß für das Regiment der

Kirche, soweit diese in ihrer Sichtbarkeit eine rechtliche Organisation ist, noch andere Bestimmungen kirchenrechtlicher oder polizeilicher Art, die auch auf die Stellung der Diener der Kirche zu den Symbolen und auf die Handhabung dieser Stellung Bezug haben, notwendig sind, ist dadurch nicht ausgeschlossen. Welcher Art aber immer diese Bestimmungen sein mögen, sie sind eben kirchenrechtlicher Art, und niemals hat die evangelische Kirche in allen ihren Gliedern bis zu der höchsten behördlichen Spitze hinauf es zu vergessen, wenn das Wesen der Kirche nicht in römischer Weise verleugnet werden soll, daß — und dem Beweise dieses Satzes gilt der ganze erste Band von R. Sohms geistesmächtigem Werk: „Kirchenrecht", Leipzig 1892 — das Wesen des Kirchenrechtes mit dem Wesen der Kirche in Widerspruch steht (S. 1 und S. 700). Also: Videant consules. ne quid ecclesia detrimenti capiat.

II.

Der Gebrauchswert des Apostolikums.

Mittlerweile ist der Fall Schrempf zu einem Fall Harnack geworden, und es ist wiederum einmal ein Sturm entstanden, der die ursprünglichen Grenzen der Bewegung weit überschritten hat. Binnen wenigen Wochen ist durch die teilweise unwürdige Polemik, durch die beliebten Verdächtigungen und Sünden wider das achte Gebot nach Luthers Erklärung, durch Beschlüsse und Veröffentlichungen in Konferenzen und einzelner Theologen eine Krisis über unsere evangelische Kirche hereingebrochen, welche ich lebensgefährlich nennen würde, wenn ich nicht wüßte, daß der Herr Jesus Christus bei uns im Schiffe ist.

Soweit ich sehe, sind es zwei Fragen, welche außer der Art der Verpflichtung auf die Symbole der Gegenstand der Diskussion geworden sind: 1) der kirchliche Gebrauchswert des Apostolikums, und 2) die Bedeutung des Satzes im 2. Artikel desselben „empfangen von dem Heiligen Geiste, geboren von der Jungfrau Maria." Über diesen zweiten Punkt habe ich mich bereits in dem vorstehenden ersten Aufsatz geäußert; doch diese Äußerung bedarf um der Sache und auch um meines Namens willen einer Ergänzung, seitdem der Vorstand der Evangelisch-Lutherischen Konferenz in der preußischen Landeskirche und die Vorsitzenden der lutherischen Provinzialvereine als dritten Satz ihrer in der Kreuzzeitung veröffentlichten Erklärung ausgesprochen haben: „daß der Sohn Gottes empfangen ist von dem heiligen Geiste, geboren von der Jungfrau Maria, das ist das Fundament des Christentums; er ist der Eckstein, an welchem alle Weisheit dieser Welt zerschellen wird."

1.

Eine persönliche Bemerkung möge mir vorab gestattet sein. Der Satz des zweiten Artikels „empfangen vom heiligen Geiste, geboren aus Maria der Jungfrau" hat mir meines Wissens niemals theologische Schwierigkeit gemacht.

In meinen jüngeren Jahren, als ich noch gern Religion und Theologie, Pistis und Gnosis mit einander verwechselte und beides nicht zu scheiden wußte, war auch ich nahe daran, jene Sätze „für das Fundament des Christentums" zu halten. Weshalb für das Fundament? Nun, weil ich die Concupiscentia bei der menschlichen Zeugung für den Überleiter und Erzeuger der Erbsünde in dem entstehenden Embryo hielt, und weil deshalb die Sündlosigkeit Jesu, also seine persönliche Qualität als Erlöser, unter der Annahme gewöhnlicher menschlicher Erzeugung des Herrn mir unmöglich schien. Bis zum heutigen Tage ist mir das Theologumenon „empfangen vom heiligen Geist und geboren von der Jungfrau Maria" noch stets wertvoll geblieben, und so oft ich der alten Liebe zur theologischen Spekulation folge, komme ich fast unwillkürlich und wie unvermeidlich auf jenen Doppelsatz zurück.

Vielleicht dient diese persönliche Vorbemerkung dazu, den Verdacht von Unglauben und Mißglauben und anderen Lastern von den folgenden Auslassungen fern zu halten und diesen etwas Gehör zu verschaffen. Fortan soll von mir persönlich nicht mehr die Rede sein. Es ist ein überaus schwerwiegendes Wort, das jene Vorstände der lutherischen Konferenzen und Vereine der evangelischen Christenheit entgegenrufen: „daß der Sohn Gottes empfangen ist von dem heiligen Geist, geboren von der Jungfrau Maria, ist das **Fundament des Christentums**". Also wer jene Sätze des Apostolikums nicht annimmt, ist überhaupt kein Christ: wer sie bestreitet, streitet wider das Christentum, wider Christus, wider Gott. Man fragt vergeblich nach einem Beweise für die Richtigkeit solcher Behauptung; Beweise werden nicht gegeben. Man fragt vergeblich danach, wer zu solcher Erklärung jene Vorstände autorisiert habe; es müßte doch eine hohe, sehr hohe Autorität sein, die das Recht zu solcher Erklärung gäbe. Wo ist solche Autorität? Mt. 1, 18. 20; Lc. 1, 35 — jene liebliche, zarte, jungfräulich keusche Erzählung wird dogmatisch ausgenutzt. Aber wo beruft sich der Herr Jesus in der Unterweisung seiner

Jünger und des Volkes über seine Person, wo beruft sich einer der Apostel in seinen Reden, seinen Briefen auf jenen Doppelsatz, wo ist außer jenen Stellen der Vorgeschichte im ganzen Neuen Testament auch nur eine ohne exegetische Künstelei sichtbare An= deutung davon, geschweige denn die Lehre, daß jener Doppelsatz für das Christentum unveräußerlich, daß er das Fundament des Christentums sei? Joh. 1, 12. 13 wird von denen geredet, welchen Christus „die Macht giebt, Gottes Kinder zu werden, die an seinen Namen glauben, welche nicht aus Geblüt, auch nicht aus dem Willen des Fleisches, auch nicht aus dem Willen eines Mannes, sondern aus Gott geboren sind." Das heißt mit anderen Worten, ihre natürliche Erzeugung, mag sie noch so hohe Ahnenreihen eröffnen, macht sie nicht zu Gottes Kindern, sondern ihre übernatürliche Geburt aus Gott, die aber selbstverständlich mit jener natürlichen Erzeugung sehr wohl vereinbar ist.

Wir sagen nicht, wenn beides bei sündigen Menschen vereinbar ist, so muß es auch bei Christus vereinbar sein, aber wir erkundigen uns vergeblich danach, ob nicht der Evangelist bei so naheliegender Gelegenheit den Unterschied der aus Gott geborenen „Kinder Gottes" und des aus Gott geborenen „Sohnes Gottes" dahin präzisiert habe, daß jene natürlich erzeugt und aus Gott geboren seien, dieser vom Heiligen Geist gezeugt und aus der Jungfrau Maria geboren und aus Gott geboren sei. Solchen Unterschied macht er nicht bemerkbar. Überall in den Evangelien, wo von den Eltern Jesu die Rede ist und von seiner menschlichen Abstammung, wird mit keinem Worte gesagt, daß Joseph nicht der Vater, daß die Brüder und Schwestern Jesu nicht seine leiblichen Vollbrüder und Vollschwestern gewesen seien. Freilich alles dies sind Argumenta e silentio. Gewiß, mehr sind sie nicht. Was beweisen sie aber? Nicht dies beweisen sie, daß im Widerspruch mit jenen beiden Stellen der Vorgeschichte das ganze übrige Neue Testament das Gegenteil von dem „empfangen vom Heiligen Geist und geboren aus der Jungfrau Maria" behaupte; aber das beweisen jene Argumente, daß die Unterzeichner jener Erklärung genötigt sind, ent= weder den Herrn und seine Apostel der Verschweigung der wichtigsten Dinge im Christentum, des Fundamentes, zu bezichtigen, oder den Bericht über die Predigt des Herrn

und seiner Apostel, also das Neue Testament, als höchst
unzuverlässig zu beurteilen, da dasselbe die Hauptsache,
das Fundament des Christentums, in der Heilspredigt des
Herrn und seiner Apostel gar nicht erwähne. Aber auch die
Frage möge erlaubt sein, ob denn diejenigen Herren Unterzeichner
der Erklärung, welche im praktischen Amte stehen, ihren Konfirmanden
jenes „Fundament des Christentums" recht deutlich machen, was es
heiße, empfangen vom heiligen Geist, was es heiße, geboren aus
der Jungfrau Maria? Selbstverständlich thun sie es nicht; sie
lassen das „Fundament des Christentums" den Konfirmanden mit
einem Schleier bedeckt, sie begnügen sich für das Bekenntnis des
Glaubens mit einer unverstandenen Formel grade in dem Punkt,
welcher nach ihrer Meinung „das Fundament des Christentums" ist,
und in dieser angeblichen Hauptsache blüht die fides implicita: „ich
verstehe zwar nicht „das Fundament des Christentums", aber ich
billige es." Doch wohl nicht für immer bleibt der Unverstand; es
kommt ja die Zeit, wo die Konfirmanden in die geschlechtlichen
Geheimnisse der Zeugung und Geburt eingeweiht werden, — dann
werde auch das „Fundament des Christentums" ihnen verständlich.
Freilich, wenn diese Zeit nicht kommt, wenn sie vorher sterben oder
wenn ihnen, was Gott sei Dank bei Jungfrauen noch vorkommt,
sowohl geschlechtliche Neugier als auch geschlechtliche Erfahrung
gleich fern bleibt, — freilich dann werden sie nie verstehen lernen,
was „das Fundament des Christentums" sei und worauf ihr
einiger Trost im Leben und im Sterben beruhe. Ist es so?
wirklich so?

Man würde jedoch den Unterzeichnern der Erklärung Unrecht
thun, wenn man die wesentlichen und tief religiösen Interessen ver=
kennen wollte, welche ihnen ohne jenen Doppelsatz des Apostolikums
schwer gefährdet erscheinen. Soweit ich sehe, sind es drei Punkte,
welche hier in Betracht kommen können.

1. In Lc. 1, 35 wird der Name „Sohn Gottes" darauf
zurückgeführt, daß Jesus „empfangen ist vom Heiligen Geist und
geboren aus Maria der Jungfrau." Es ist somit das Interesse an
der göttlichen Würde des Sohnes Gottes, welches durch jenen
Doppelsatz gesichert sein soll. Bekanntlich aber heißt Jesus Christus
im Neuen Testament „der Sohn Gottes" vornehmlich als der

Christus, die Erfüllung oder der Erfüller aller Gottesverheißungen von Anbeginn, der Vollender aller Heilswege und aller Heils= offenbarung Gottes. Endlich aber auch), wenigstens nach traditioneller Erklärung, wird Christo der Name „der Sohn Gottes" in trans= zendentem oder metaphysischem Sinne (besonders von den Aposteln Paulus und Johannes) beigelegt, der nach kirchlichem, jedoch nicht neu= testamentlichem, Ausdrucke „Mensch geworden" ist. In jenen beiden Stellen der Vorgeschichte (nämlich Lc. 1, 31 und Mt. 1, 22 f., wo das einzige Mal im Neuen Testament das Prophetenwort Jesaja 7, 14 auf Jesus und die jungfräuliche Geburt Jesu bezogen wird) wird die Messianität Jesu mit dem „empfangen vom heiligen Geist und geboren aus Maria der Jungfrau" in Zusammenhang gebracht. Das ganze übrige Neue Testament kennt aber weder diesen Zusammenhang, noch den zwischen der „Menschwerdung" des Sohnes Gottes und der übernatürlichen Erzeugung und jungfräulichen Geburt des Herrn, geschweige denn, daß es dieses als condicio sine qua non von jenem erkennen lehrte. So ist doch der Thatbestand; und bei solchem That= bestand soll wirklich jenes „empfangen vom Heiligen Geist und geboren aus Maria der Jungfrau" die unentbehrliche Bürgschaft bieten für die göttliche Würde des Sohnes Gottes, so unentbehrlich, daß es als „das Fundament des Christentums" proklamiert werden dürfte?

2. Schon oben ist die theologische Meinung erwähnt worden, daß nur durch die in Rede stehende Doppelaussage des Apostolikums die Sündlosigkeit Jesu Christi verbürgt erscheine. Diese Sünd= losigkeit des Herrn ist allerdings ein unveränßerliches Moment seiner Erlöserwürde; wer selbst der Sündenvergebung bedarf, kann uns nicht die Sünden vergeben, und wer selbst von Schuld und Sünde erlöst werden muß, kann nicht unser Erlöser sein. Aber ist etwa auch jene angebliche Verbürgung der Sündlosigkeit Jesu not= wendig und unveräußerlich? Doch nur von traduzianischen Voraus= setzungen aus, die für Heilsoffenbarung angesehen werden und die Geburt aus einem sündigen Weibe für irrelevant erklären. Wie aber, wenn ein Theologe mit Origenes und Jul. Müller sich für den Präexistenzianismus entschiede und von diesem aus jene Ver= bürgung für nicht notwendig erkännte? Oder haben auch Ori= genes und Jul. Müller das Fundament des Christentums umgestoßen? Oder wie wenn man im Glauben die Sündlosigkeit des Herrn nicht

nur im negativen, sondern auch in höchst positivem Sinne anerkannte, weil man in Christo seinen Erlöser weiß, und ließe die Er= möglichung der Sündlosigkeit als Gottes Sache einfach dahingestellt? Läßt man damit wirklich das Fundament des Christentums im Ungewissen?

3. Endlich könnte auch der Lehrsatz vom zweiten Adam in Betracht gezogen werden, d. h. die Lehre, welche der Ausdruck der Glaubensgewißheit ist, daß er st in Christo und nur in ihm Ver= gebung der Sünden, Gerechtigkeit und ewiges Leben gegeben sei. Wie Adam der Urheber der natürlichen, sündigen, dem Tode ver= fallenen Menschheit ist, so Christus der Urheber der neuen Mensch= heit des Reiches Gottes. Eben deshalb, sagt man, müsse der zweite Adam, der Urheber der neuen Menschheit, nicht aus dem Zusammen= hange der sündigen Menschheit gezeugt und geboren, sondern von Gott her in die Welt gekommen sein, wie der erste Adam. Allein, was man so fordert, wird nicht erreicht; denn einen einseitigen Zu= sammenhang mit der sündigen Menschheit hat der Herr Jesus doch jedenfalls kraft seiner Geburt aus einem sündigen Weibe, und die Gleichförmigkeit mit der Entstehung des ersten Adam ist auf keine Weise vorhanden. Nur dann würde dieser Zusammenhang mit der sündigen Menschheit von Jesu nicht ausgesagt werden können nach der in Rede stehenden Voraussetzung, wenn der Zusammenhang lediglich in dem männlichen Zeugungsakt begründet wäre. Aber auf welche Subtilitäten wird man geführt, um das „Fundament des Christentums" zu verstehen! Der Apostel Paulus redet bekanntlich 1. Kor. 15 von dem ersten und zweiten Adam; aber sowohl V. 22 als auch V. 45—49 ist doch nicht die leiseste Andeutung, daß mit der Würde des zweiten Adam die übernatürliche Zeugung und Geburt ursächlich verknüpft wäre.

Wir wiederholen, daß theologische Schwierigkeiten uns dem Satze des Apostolikums gegenüber: „empfangen vom Heiligen Geist, geboren aus Maria der Jungfrau" niemals erwachsen sind; aber der Wert dieses Satzes ist der eines Theologumenon, das seinen Schriftgrund lediglich in jenen beiden Stellen der Vorgeschichte hat. Man kann dies Theologumenon für die dogmatische Substruktion der Lehre von der Person Christi für sehr wichtig halten, für so wichtig, daß man in große theologische Nöte gerät, sobald man es wanken fühlt, aber

Inhalt des Glaubens, der uns selig macht, ist's nimmermehr, und man verwirret die Gewissen, wenn man dies Theologumenon für das „Fundament des Christentums" erklärt, „an welchem alle Weisheit dieser Welt zerschellen wird."

2.

1. Doch es wird Zeit, dem eigentlichen Thema, dem Ge= brauchswert des Apostolikums, uns zuzuwenden. Vielleicht hat die bisherige Erörterung doch in der einen oder anderen Weise den Weg uns geebnet und ist auch für das Thema dieses Aufsatzes nicht ohne gewissen Wert. Auch die Erklärung der Vorstände der Konfe= renz und der Vereine hat von dem Gebrauchswert des Apostolikums geredet; der erste Satz lautet: „Jeder Versuch, das Apostolikum für den kirchlichen Gebrauch zu beseitigen, ist ein Schlag in das Angesicht der Kirche Christi." Über den Ausdruck, der der geistlichen Würde der Sache, um die es sich handelt, wohl nicht völlig entspricht, wollen wir nicht rechten. Nur das sei bemerkt, daß die Erklärer kein Recht haben, weder ein juridisches noch ein moralisches, die gesammte griechische (morgenländische) Kirche von der „Kirche Christi" auszuschließen. Denn die gesammte griechische Kirche hat das Aposto= likum zu keiner Zeit bis zum heutigen Tage angenommen; sie würde also den „Schlag ins Gesicht" bei jenem Versuch gar nicht verspüren. Aber auch die römische und die evangelische Kirche werden sich erinnern müssen, daß das s. g. Apostolikum erst zu Anfang des 6. Jahrhunderts entstanden und erst im 9. Jahrhundert in den latechetischen Gebrauch der römischen Kirche genommen, dagegen vom liturgischen Gebrauch in der römischen Kirche stets ausgeschlossen gewesen ist. Nur die evangelische Kirche hat, und zwar von Anfang an, das Apostolikum sowohl liturgisch als latechetisch verwertet. Der liturgische Gebrauch des Apostolikums im Gemeindegottesdienst ist zwar bis zum heutigen Tage keineswegs allgemein üblich. Da es jedoch überall unseres Wissens bei der Taufe und latechetisch im Religions= unterricht verwendet wird, so ist von der Thatsache nichts abzudingen, daß es für die evangelische Kirche eine tief greifende Änderung in der kirchlichen Erscheinung bedeuten würde, wenn das Apostolikum aus dem kirchlichen Gebrauch sollte „beseitigt" werden.

Doch wir beanstandeten das Wort „beseitigen". Es mag manche Christen geben, die das Apostolikum gern außer Gebrauch gesetzt sähen, aber kaum werden verständige Leute die Hand dazu bieten, es zu „beseitigen", sofern in dem Begriff dieses Wortes die Neben= bedeutung der Gewaltsamkeit liegt. Denn das ist ein Satz allgemeiner Erfahrung, daß die kirchlich gesinnte und gewöhnte Gemeinde auf das Tiefste sich verletzt fühlt, sobald etwas im kirchlichen Gebrauch für sie irgendwie Wertvolles ihr mit Gewalt genommen wird. Ein schöner konservativer, nein mehr als konservativer, ein pietätsvoller, glaubensinniger Zug! Das Schwanken, dem der einzelne Christ in seinem Glaubensleben Tag für Tag ausgesetzt ist, berührt — so urteilt der Einzelne — die Gemeinde, die Kirche, nicht; in den Formen des Kultus, den altgewohnten, an gesegneter Erinnerung reichen festen Formen, die alle wenn nicht dem Glauben selbst, so doch dem Glaubensbedürfnis und der Glaubenspflege entsprungen sind, sieht der einzelne Christ nicht ohne guten Grund das Beständige, dem Wechsel nicht Unterworfene, an dem er sich stets wieder zurecht= finden, stärken, aufrichten kann. Wird nun dies Bleibende und Feste in den Strudel hineingezogen, in dem der einzelne Christ persönlich zu ringen hat, so ist die Stütze und die Hoffnung auf Hilfe, Stärkung, Rettung durch die Kirche ihm beeinträchtigt, und es wird wie ein Raub an dem Heiligsten empfunden, wenn auf gewaltsame Weise wertvolles dem kirchlichen Gebrauch entzogen wird. Freilich dies Beides: „auf gewaltsame Weise" und „Wertvolles" wird zu betonen sein; nur wo beides bei einander und mit einander ist, entsteht die zu vermeidende Kränkung. Mit dieser thatsächlichen Kränkung ist nicht zu verwechseln jener Eigensinn im Festhalten des einmal Überkommenen, auch nicht jene stumpfe und beschränkte Ge= wohnheit, kraft welcher man in dem Herkömmlichen und nur in diesem, es mag beschaffen sein wie es will, das Christentum ver= körpert sieht. Oft genug schleppen sich offenkundige Mißbräuche und ganz unevangelische Formen und Formeln von einer Generation zur andern fort; die kirchlichen Behörden, Konsistorien und Synoden, scheuen sich, hier Hand anzulegen, weil sie die Erregung der Ge= meinden fürchten, zumal wenn es nicht an agitatorischen Leuten fehlt, die dem großen Haufen die unantastbare Heiligkeit aller und jeder Tradition einreden. Ohne Frage sollte kühn und stark alles, was verkehrt und widerevangelisch ist, auf allmählichem Wege „beseitigt" werden, nach unserer Meinung in viel mehr weitgreifender Weise, als es thatsächlich geschieht, in der Furcht Gottes, die keine Menschenfurcht kennt. Allein wenn man zur Beseitigung von irgend etwas Bestehendem die Hand erhebt, ist mit ernstem und gewissenhaftem Sinn zweierlei zu erwägen: 1) ob nicht doch das Zubeseitigende für die Gemeinde etwas religiös Wertvolles bedeutet, das nicht beseitigt werden darf, und 2) ob man etwas Besseres an die Stelle zu setzen hat, wodurch das religiös Wertvolle reiner und kraftvoller zur Erscheinung kommt.

Wir meinen den richtigen Weg der Verständigung einzuschlagen, wenn wir den kirchlichen Gebrauchswert des Apostolikums nach diesen beiden Fragen uns klar zu machen suchen. Wir fassen dabei den Gebrauch des Apostolikums in der Liturgie des öffentlichen Gemeindegottesdienstes und bei der Taufe ins Auge, indem wir für den Gebrauch des Apostolikums im kirchlichen Unterricht auf unsern ersten Artikel verweisen.

2. Was ist das religiös Wertvolle, das die Gemeinde in dem kirchlichen Gebrauch des Apostolikums zu haben meint? Wir sagen: zu haben meint, um vorläufig die Frage offen zu lassen, ob das Apostolikum dies religiös Wertvolle der Gemeinde auch wirklich bietet. Aber wir setzen auf das Bestimmteste voraus, daß die gläubige Gemeinde zu einem großen Teil etwas unveräußerlich Wertvolles in der That in dem Gebrauch des Apostolikums zu haben überzeugt ist. Damit scheiden wir uns durchaus von denen, welche in dem kirchlichen Gebrauch des Apostolikums nur eine gedankenlose Festhaltung der Tradition sehen wollen und in der unleugbaren Erregung der Gemeinde bei dem Gedanken, es solle dieser kirchliche Gebrauch beseitigt werden, nur das kirchliche Produkt traditionssüchtiger Agitation. So sehr wir die Übertreibung und jede Verständigung sehr erschwerende ungeistliche Schroffheit in der mehrfach angezogenen Erklärung der Vorstände der evangelisch-lutherischen Vereine beklagen, so sind wir doch weit entfernt, lediglich kirchenpolitisches Parteitreiben oder scholastische Zanksucht dahinter zu vermuten. Man glaubt wirklich religiöse Werte in dem Gebrauch des Apostolikums garantiert, Werte, die man nicht missen, um des Glaubens willen nicht missen will.

Auf die Frage, welches diese religiösen Werte seien, geben uns augenscheinlich die Formeln Auskunft, mit welchen der Gebrauch des Apostolikums in der Liturgie und bei der Taufe eingeleitet zu werden pflegt. Dort wird hervorgehoben, daß es sich um ein Bekenntniß des Glaubens handelt, in welchem die ganze Christenheit, die auf Erden ist, mit der gegenwärtigen Gemeinde übereinstimme; hier wird hervorgehoben, daß es der alte heilige apostolische Glaube sei, auf den das Kind getauft werden solle. Also einmal die Selbigkeit des Glaubens in der Kirche Christi, wie sie gegenwärtig auf der ganzen Erde lebt, sodann die Selbigkeit des Glaubens der gegenwärtig versammelten Taufgemeinde mit dem Glauben der Kirche Christi von Anbeginn. Daß dies — ganz abgesehen von der Frage, ob sie durch den Gebrauch des Apostolikums zum gebührenden Ausdruck kommen — sehr wert= volle religiöse Gedanken sind, sollte unseres Erachtens nicht verkannt werden. Die gegenwärtige gottesdienstlich versammelte Gemeinde soll es wissen, daß sie nicht isoliert steht, daß es einen heiligen, unsichtbaren Zusammenhang in der Kirche Christi giebt, und daß der Glaube, der sie zur Gemeinde Christi macht, derselbe Glaube ist, durch den allein alle Versammlungen auf Erden mit Christo ver= bunden sind, falls sie überhaupt in Verbindung mit Christo stehen, ja daß die um Gottes Wort und Sakrament versammelte Gemeinde selbst nichts Anderes als eine Erscheinungsform der Kirche und deshalb, um mit Sohm zu reden, selbst die Kirche Christi ist. Die Gemeinde soll es in ihrem Gottesdienst und bei der Taufe ihrer Kinder wissen, daß sie nicht geschichtslos dasteht, eine ephemere Er= scheinung, daß ein großer heiliger Zusammenhang vorhanden ist mit ihnen allen, welche jemals durch die Gnade des Herrn Jesu Christi hofften selig zu werden, und daß derselbe Glaube, durch den wir selig werden, auch die Väter und Urväter des Glaubens bis auf der Apostel Zeit zurück selig gemacht hat. Was in dem elsten Kapitel des Hebräerbriefes ausgeführt wird, indem die Selbigkeit des Glaubens von Abel an bis Christus in den Formen des alten Bundes vor uns sich entfaltet, und die gläubigen Christen sind in diese Glaubens= gesellschaft zur Glaubensgemeinschaft eingetreten; — diesen religiösen Gedanken soll durch den kirchlichen Gebrauch des Apostolikums Aus= druck verliehen werden. Das Ersterben dieser Gedanken in dem Bewußtsein der evangelischen Christenheit würde eine unendliche

Verflachung und Entleerung des christlichen Bewußtseins, des Christentums, bedeuten: es würde die Gemeinde aus einer Erscheinungsform der Kirche Christi zu einem zeitgeschichtlichen Verein degradieren, dessen Zusammenhalt auf augenblicklichem Bedürfniß beruhe; es würde die gesammte heilige Tradition illusorisch machen und die göttliche Intoleranz und damit alle Festigkeit und alle Freudigkeit dem evangelischen Glauben nehmen. Wir zweifeln nicht, daß es im Grunde diese religiösen Gedanken sind, welchen die gläubige Gemeinde zu einem guten Teil in dem kirchlichen Gebrauch des Apostolikums eine Bleibstätte in ihrer Mitte bereitet sieht; mag es hier mehr instinktiv geschehen, dort mit klarerem Bewußtsein, — die Hauptsache ist, daß es eben in der That sich so verhält.

3. Allerdings aber erhebt sich die Frage, ob die Bleibstätte dieser völlig unveräußerlichen religiösen Gedanken denn in der That ein formuliertes Glaubensbekenntniß sein müsse, also ob nicht in der Liturgie und in der Taufhandlung eine Reihe anderer Stücke zum Vortrag komme, welche den Gebrauch eines besonderen formulierten Glaubensbekenntnisses überflüssig erscheinen lassen. Es ist daran zu erinnern, daß in den ersten Jahrhunderten der evangelischen Kirche in Deutschland, also im 16., 17., auch im 18. Jahrhundert, ein fest formuliertes Glaubensbekenntniß in der Liturgie meistens fehlte, daß an Stelle eines solchen meistens Luthers Lied: „Wir glauben all an Einen Gott“ von der Gemeinde gesungen wurde. Jene wertvollen religiösen Gedanken kommen aber in diesem Liede, da die Gemeinde gar nicht darauf hingewiesen wird, sie in dem ganzen Liede zu suchen, nur in der dritten Strophe in den beiden Zeilen zum Ausdruck: „Die ganz Christenheit auf Erden hält in einem Sinn gar eben,“ jedenfalls ein Zeugnis, daß Luther und die lutherische Kirche jener Jahrhunderte nicht ausschließlich in diesem an die Stelle eines formulierten Glaubensbekenntnisses tretenden Liede jene religiösen Gedanken, die an und für sich den Reformatoren überaus wertvoll waren, ausgedrückt gefunden haben. Inbetreff der Tauf= handlung ist daran zu erinnern, daß die apostolische und eine geraume Zeit die nachapostolische Kirche ein fest formuliertes Glaubens= bekenntniß überhaupt nicht kannten, und daß der Gebrauch eines solchen bei der Taufe in der gesammten vorreformatorischen und auch während eines langen Zeitraumes der reformatorischen Kirche

nicht mit irgend deutlichem Ausdruck den Sinn hatte, jene Gedanken
zum Bewußtsein zu bringen; in die Gemeinschaft der Kirche, welche
diesen Glauben gegenwärtig hat, wird der Täufling aufgenommen,
deshalb wird der Glaube der Kirche bekannt. Und es ist ja in
der That nicht schwer, sowohl in dem Gemeindegottesdienst als auch
in der Taufhandlung, abgesehen von einem formulierten Bekenntnis,
Momente herauszufinden, welche als Träger jener Gedanken dienen
können und wirkliche Träger sind. In der Liturgie haben wir das
Gebet der Kinder Gottes, das Jesus uns gelehrt, dieses einzige
wirklich ökumenische Stück der Christenheit von Anbeginn, hier und
dort haben wir die uralten Klänge der Präfation, des Sanktus, des
Gloria, wir singen die Lieder, die unsere Väter gesungen haben,
wir haben meistens solche liturgische Gebete, welche in der Sprache
der Väter unsern Glauben mit dem der Väter vereinen, wir
haben vor allem in der Lesung der Schrift und in der Predigt das
Wort, das durch alle Zeiten geht und in der ganzen Christenheit
gilt. In der Taufhandlung haben wir, abgesehen von dem meist
auch von den Vätern herstammenden Formeln, vor allem die Taufe
selbst, diese Institution des Herrn, wir haben das Wort der Ein=
setzung, mit welchem auf dem ganzen Erdenkreis in der ganzen
Christenheit, allerdings nicht unbedingt wörtlich übereinstimmend, jedes
Kind getauft wird. Was folgt aus diesem Allen? Nun, doch jeden=
falls dies, daß jene höchst wertvollen religiösen Gedanken keineswegs
mit dem kirchlichen Gebrauch eines formulierten Glaubensbekenntnisses
stehen und fallen, daß es also von dem hier maßgebenden Gesichts=
punkte aus nicht berechtigt sein dürfte, die Frage nach dem litur=
gischen Gebrauch eines bestimmt formulierten Glaubensbekenntnisses
zu einer Lebensfrage der evangelischen Kirche aufzubauschen.

Allein es entsteht die Frage, ob nicht dennoch der Gebrauch
eines formulierten Glaubensbekenntnisses einen spezifischen Wert
habe, wie derselbe allen jenen anderen Momenten der Liturgie und
der Taufhandlung eben nicht zukommt. Wir stehen nicht an, diese
Frage entschieden zu bejahen. Der spezifische Wert wird eben darin
liegen, daß es ein Bekenntnis des Glaubens ist, was zum Vor=
trag kommt, desselben Glaubens, außer dem niemand selig werden
kann, desselben Glaubens, durch den von Anbeginn alle Erlösten
selig geworden sind, und den die gegenwärtige Gemeinde als

Erscheinungsform der Kirche Christi als ihren Glauben anerkennt. Es ist aber daran zu erinnern, daß inhaltlich dieser Glaube in dem ganzen Gottesdienst zum Ausdruck kommt, daß also das Spezifische lediglich in der Form, in der Zusammenfassung unter dem Gesichtspunkt des Bekenntnisses liegt. Gewiß, wo es sich in einer Landeskirche oder Gemeinde um die Neueinführung eines formulierten Glaubensbekenntnisses handelt, da steht die Frage offen und kann verschieden beantwortet werden, ob dem christlichen und evangelischen Charakter des Gottesdienstes bezw. der Taufhandlung etwas fehlen würde, wenn die Neueinführung unterbliebe. Allein, wo das formulierte Glaubensbekenntnis traditioneller Weise ein Bestandteil des Gemeindegottesdienstes und der Taufhandlung ist, wo also in der spezifischen Form des Bekenntnisses der Inhalt des Glaubens der Gemeinde andauernd ins Bewußtsein tritt; da kann, unter der Voraussetzung, daß es sich um ein reines Bekenntnis des evangelischen Glaubens handelt, die absichtliche (nicht etwa aus rein äußeren Gründen nach und nach eingeschlichene) Beseitigung desselben nur als Zerfall mit dem christlichen Glauben gedeutet werden. Anderseits ist es unter derselben Voraussetzung ganz unthunlich, der Einzelgemeinde die Entscheidung anheimzugeben, ob sie dies Bekenntnis des Glaubens in ihrem Kultus verwenden wolle oder nicht; die Nichtanwendung, d. h. also in diesem Falle die Eliminierung des Bekenntnisses aus dem Kultus, würde Abfall sein, und jene Freilassung der Entscheidung würde die Gleichgültigkeit der Kirche gegen den Glauben der Einzelgemeinde bedeuten. Die Einzelgemeinde ist nicht ein beliebiger religiöser Verein, sie ist die Erscheinungsform, die Sichtbarwerdung der unsichtbaren Kirche Christi: der Glaube ist der Glaube der Kirche Christi, das Bekenntnis des Glaubens ist das der Kirche Christi, und die Einzelgemeinde, wie sie sich sammelt um Wort und Sakrament, hört auf, eine Gemeinde, eine Kirche zu sein, sobald der Glaube der Kirche aufhört, ihr Glaube zu sein.

4. Hat nun aber die evangelische Kirche ein Glaubensbekenntnis, welches sie als reines Bekenntnis ihres Glaubens im Kultus zu dem angegebenen Zwecke zu verwerten vermag? Der Überlieferung der evangelischen Kirche entsprechend kann es sich nur um ein Symbol handeln, um das Apostolikum: und die Frage lautet in concreto: ist

das Apostolikum ein Bekenntnis des evangelischen Glaubens im evangelischen Sinne des Wortes? Die, welche diese Frage anstandslos bejahen, werden alles, was wir im Vorhergehenden über den Gebrauchswert des Glaubensbekenntnisses zu entwickeln ver= sucht haben, auf das Apostolikum einfach übertragen, wie einstmals die römische Kirche alle Eigenschaften des altrömischen Taufsymbols ohne Bedenken auf unser Apostolikum übertragen hat. Sie werden jeden Angriff und jedes Bedenken, das sich gegen das Apostolikum richtet, als gegen den Inhalt des christlichen Glaubens gerichtet be= urteilen, und jeden Versuch, das Apostolikum aus dem kirchlichen Gebrauch zu beseitigen, als einen „Schlag ins Angesicht der Kirche Christi" empfinden, vielleicht empfinden müssen. Allein das kann uns nicht von der Pflicht entbinden, das Apostolikum, so wie es dasteht, ohne evangelische Umdeutung und ohne evangelische Eisegese, darauf= hin zu prüfen, ob es in der That, so wie es dasteht, den Erforder= nissen eines evangelischen Glaubensbekenntnisses entspricht.

Vor allem dürfen wir das Vertrauen, besser das Selbstver= trauen der evangelischen Kirche in Anspruch nehmen, daß der Glaube im evangelischen Sinne des Wortes, der uns selig macht, eben der= selbe Glaube sei, der allein zu allen Zeiten imstande gewesen ist, Seelen selig zu machen, unter welchen Schalen und Mißverständnissen immer dieser Glaube sich Ausdruck gegeben hat. Daraus folgt, daß wir als evangelische Christen nicht in ein früheres Jahrhundert zu gehen haben, um zu erfahren, welches Begriff, Inhalt, Aussage des rechtfertigenden Glaubens sei, sondern vom evangelischen recht= fertigenden Glauben aus haben wir die Gaben früherer Jahrhunderte, welche unter dem Titel von Glaubensbekenntnissen uns überliefert sind, darauf anzusehen, ob und wie weit sie als Bekenntnisse und Aussagen des rechtfertigenden Glaubens gelten können. Ist denn nun das, was in dem Wortlaut des Apostolikums steht, als Aussage des christlichen, des evangelischen, des rechtfertigenden Glaubens zu beurteilen? In der erregten Diskussion der Gegenwart sind wiederum zahlreiche Lobsprüche dem Apostolikum zuerkannt worden; man hat von dem „ehrwürdigen Rost der Jahrhunderte" und dem „daran klebenden Blut der Märtyrer" gesprochen, von dem unver= gleichlichen „Lapidarstil" und dem hohen Werte der Zusammenstellung der „objektiv geschehenen Heilsthatsachen." Wir gedenken nicht, auch nur eines dieser und mancher anderer Epitheta zu beanstanden, mag auch die Wahl des Ausdrucks nicht immer ganz glücklich sein. Es ist uns auch nicht verständlich, wie geschichtlich gebildete Theologen — sie haben sich in der gegenwärtigen Diskussion nicht mit Namen genannt — sich herbeilassen können, über ein Dokument von so hoher Bedeutsamkeit in der Geschichte der christlichen Kirche, wie wir es in dem Apostolikum vor uns haben, geringschätzig oder leichthin witzelnd zu reden. Schon der Umstand, daß sehr viele fromme Christen der Vergangenheit und der Gegenwart mit innigster religiöser Ehr= furcht an dem Apostolikum und seinem Wortlaut hangen, sollte ge= nügend sein, jede Art von Geringschätzung fern zu halten. Die größte Ehrfurcht aber kann und darf uns freilich nicht daran hindern, den Wert des Apostolikums als Bekenntnis des rechtfertigenden evan= gelischen Glaubens zu prüfen. Aus solcher Prüfung aber geht unseres Erachtens folgendes hervor:

1. Das Charakteristikum des Apostolikums besteht zugestandener= maßen darin, daß in den drei Artikeln eine Reihe von Thatsachen vorgeführt wird.

Nun versteht es sich freilich für uns von selbst, daß von Gott vollbrachte Thatsachen die geschichtliche, objektive Voraussetzung des rechtfertigenden Glaubens sind; denn das Christentum ist eine geschicht= liche Religion, nicht eine Religionsphilosophie, es beruht auf geschicht= licher Offenbarung. Aber ebenso selbstverständlich sind nicht die Thatsachen an und für sich Inhalt des rechtfertigenden, seligmachenden Glaubens, sondern die in diesen Thatsachen sich offenbarende Gesinnung Gottes gegen uns, zu unserem Heil. Von dieser Gesinnung Gottes gegen uns, worauf doch allein unser Glaube geht, also von der Bedeutung derselben für uns, von ihrer Be= ziehung auf uns, ist jedoch in dem Wortlaut des Apostolikums gar keine Rede. Die Thatsache, daß Gott, der Vater Jesu Christi, der Allmächtige ist, der Schöpfer Himmels und der Erde, läßt mich in Schrecken und Angst vergehen, wenn ich nicht im Glauben weiß, daß der Vater Jesu Christi mein Vater ist, der seine Allmacht aus lauter väterlicher Güte und Barmherzigkeit ohne all mein Verdienst und Würdigkeit in den Dienst seiner Gnade stellt, der Christenheit und mir zu gut. Aber gerade hiervon sagt der erste Artikel kein Wort: nur das wird als Inhalt des Glaubens hingestellt, was die Teufel

auch glauben und wobei sie zittern. Geradeso verhält es sich mit
dem vorliegenden Wortlaut des zweiten und dritten Artikels: daß
Gottes eingeborener Sohn Jesus Christus unser Herr ist, daß er
gekreuziget, gestorben und begraben, auferstanden und gen Himmel
gefahren sei usw. kann für mich Verdammnis bedeuten, wenn ich
nicht weiß, daß er „unser Herr" ist, nicht in dem Sinne, wie jene
Dämonen ihn als ihren Herrn fürchteten (Matth. 8, 29; Luk. 8, 28;
Mark. 5, 7), daß vielmehr in den Thatsachen sich die Gesinnung
Gottes gegen uns offenbart, die uns erlöst und mit Gott versöhnt,
wenn also nicht die Bedeutung der Thatsachen für uns der
Gegenstand des Glaubens ist. Aber gerade davon sagt der Wort=
laut nichts. Gemäß dem dritten Artikel kann ein Mensch auf die
Autorität etwa der Kirche hin den objektiven Thatsachen zustimmen,
daß es Vergebung der Sünden und ewiges Leben usw. giebt, und
er kann sich trotz aller Zustimmung für ausgeschlossen ansehen; Inhalt
des Glaubens wird das alles erst, wenn die Bedeutung der Ver=
gebung der Sünden usw. für uns, für mich ausgesprochen ist —,
und eben dies, daß mir Vergebung der Sünden und ewiges Leben
geschenkt sei, wird nicht gesagt. Ein Bekenntnis des evangelischen,
des rechtfertigenden Glaubens ist somit das Apostolikum
in seinem Wortlaut nicht; es giebt sozusagen nur die Materialien
für den Bau des Glaubens, oder deutlicher zu reden, es werden
darin vom Standpunkt des christlichen Glaubens aus die
Stücke aufgeführt, welche dem Glaubensleben nach der
Meinung des 5. und 6. Jahrhunderts wertvoll sind oder
werden können; aber natürlich erst dann, wenn der Glaube im
evangelischen Sinne des Wortes da ist, der die Bedeutung dieser
Stücke, in diesen Stücken das Vaterherz Gottes, erkennt. Damit ist
aber auch die Schätzung des Apostolikums, die sich auch in der
evangelischen Kirche sehr häufig findet, zurückgewiesen, daß es die
Thatsachen enthalte, die vor der Entstehung des wahren Glaubens
als richtig und feststehend anerkannt werden müßten, damit inner=
halb dieses Assensus der Glaube im evangelischen Sinne des Wortes
entstehen und sich entfalten könne. Also erst die Form, dann der
Inhalt; erst einfach annehmen, daß Christus der eingeborne Sohn
Gottes ist, daß der Gekreuzigte auferstanden und gen Himmel ge=
fahren ist usw.: ohne die vorhergehende Zustimmung, daß das wahr

ist, könne es zum rechtfertigenden Glauben nicht kommen. Wir kennen den Ursprung dieser Methode; es ist die der römischen Kirche, die Annahme der von der heiligen Mutter, der Kirche, sanktionierten Sätze, die Annahme auf ihre Autorität hin, und die widerspruchs= lose Unterwerfung unter die Sätze der Kirche ist die Grundtugend aller Tugenden. Nun wissen wir wohl, daß Gott auch in diesem Punkte vieles gut macht, was Menschen verkehrt machen; in abge= legenen Gemeinden, in denen die kirchliche Sitte und Satzung wider= spruchslos herrscht, ist es auch in der That für manche der Weg, zu einem wahren Glaubensleben zu kommen, aber freilich auch für sehr viele der Weg, in sogenanntem toten Glauben zeitlebens hangen zu bleiben. Die Methode des Herrn Jesu und seiner Apostel ist dies jedenfalls nicht gewesen, und die Anwendung solcher Methode insonderheit auf die Gott Suchenden unter unsern Zeit= genossen, die von kirchlicher Sitte und Satzung wenig wissen, wird von diesen als eine unerhörte Zumutung nicht mit Unrecht empfunden. Kurz, eine Reihe von den im Apostolikum niedergelegten Stücken, um nicht zu sagen: sie alle, tritt erst mit ihrer Bedeutung für den Menschen in den Gesichtskreis, nämlich dessen, in dem Gottes Barm= herzigkeit ein Gott suchendes Herz erweckt hat, das in der Gnade und Wahrheit Jesu Christi sein Heil und seine Erlösung gefunden.

Die Anerkennung, daß in dem Apostolikum vom Standpunkt des christlichen Glaubens damaliger Zeit aus die Stücke aufgeführt werden, welche dem Glaubensleben wertvoll sind bezw. werden können, schließt bei der nicht hoch genug zu schätzenden Wichtigkeit der Sache die Pflicht für den Theologen ein, zu fragen, ob die Stücke vom evangelischen Glaubensbegriff aus richtig bezeichnet sind. Die Möglichkeit ist jedenfalls zuzugeben, daß auch dort Religion und Theologie, Pistis und Gnosis verwechselt oder vermischt sind, wie sie heutigestags reichlich verwechselt und vermischt werden, oder daß die Stücke durch die Übermacht zeitgenössischer Schlagworte unrichtig bezeichnet sind, oder auch daß das eigentümliche Zeitinteresse eine Reihe von Thatsachen in ihrem religiösen Wert für das Glaubens= leben nicht hat erkennen lassen. Für die beiden erstgenannten Möglich= keiten und ihre Verwirklichung im Apostolikum können wir uns auf bereits Gesagtes berufen. Die richtige Bezeichnung in „Auferstehung

des Fleisches" ist ja mit symbolischer Autorität von Luther im
Großen Katechismus beanstandet, und daß in dem Doppelsatz
„empfangen vom Heiligen Geist und geboren aus der Jungfrau
Maria" ein Theologumenon an die Stelle einer Glaubensaussage
getreten ist, haben wir zuvor erörtert. Wir wollen nicht noch einmal
den tiefbedauerlichen Satz von „dem Fundament des Christentums"
zurückweisen; nur dies sei um der Wichtigkeit der Sache willen
wiederholt, daß, da weder der Herr selbst, um seine Jünger zum
Glauben zu führen und im Glauben zu erhalten, noch die Apostel
in ihrer Missionspredigt und in ihren Schriften an die gewonnenen
Christengemeinden von diesem Doppelsatz auch nur das Geringste
verlautbaren lassen, derselbe auch nicht als zum Bekenntnis des
evangelischen Glaubens gehörig anerkannt werden kann. Aber
auch für die Verwirklichung der drittgenannten Möglichkeit im
Apostolikum dürfte der Beweis nicht schwer sein. Der erste Artikel
handelt lediglich von der Schöpfung der Welt: ist etwa die Er=
haltung und Regierung der Welt für das Glaubensleben nicht
von derselben, um nicht zu sagen: von noch größerer Wichtigkeit?
Im zweiten Artikel ist das gesammte Heilandsleben Jesu bis
zu seinem Todesleiden mit Stillschweigen übergangen, „wie er
umhergezogen ist und hat wohlgethan und gesund gemacht alle, die
vom Teufel überwältigt waren, denn Gott war mit ihm", während
es dem christlichen Glauben völlig gleichgültig sein kann, ob der
Herr unter Pontius Pilatus oder irgend einem anderen Vertreter
der römischen Staatsmacht gelitten habe. Im dritten Artikel wird
die Wirksamkeit des Heiligen Geistes in der Kirche Christi auf Ver=
gebung der Sünden, Auferstehung des Fleisches und ein ewiges
Leben beschränkt, und von dem ganzen Kapitel der für das Glaubens=
leben so wichtigen Heiligung ist keine Rede. Und endlich in dem
ganzen Apostolikum ist auch nicht mit einem Worte von dem Reiche
Gottes Erwähnung gethan, welches doch vom Neuen Testament
auf jeder Seite, möchten wir sagen, verkündet wird.

5. Das Ergebnis unserer Erörterung ist nun scheinbar sehr
wenig günstig für den Gebrauchswert des Apostolikums. Ein
Bekenntnis des Glaubens im evangelischen Sinne des Wortes ist das
Apostolikum nicht und dennoch wird es als Bekenntnis des Glaubens
im Kultus der evangelischen Kirche gebraucht. Das ist der scheinbar

widerspruchsvolle Thatbestand. Was soll nun geschehen? Soll das Apostolikum durch ein anderes Bekenntnis, das mehr dem Charakter eines Glaubensbekenntnisses entspricht, ersetzt werden? Wir haben kein anderes, das jenes ersetzen könnte. Sollen wir ein neues Glaubensbekenntnis verfassen? Welch ein Ungedanke in unserer Zeit! Sollen wir es also beibehalten und vielleicht uns, die Theologen und die Nichttheologen, damit abfinden durch eine reservatio mentalis? Wie könnten wir das! sind wir doch nicht Jünger Loyolas, sondern Jünger des Herrn Jesu Christi! Dann bleibt aber doch nur übrig, daß wir radikal dem unerträglichen Zustand ein Ende machen und das Joch abschütteln, d. h. das Apostolikum aus dem kirchlichen Gebrauch mit Anwendung aller erlaubten Entschiedenheit zu beseitigen suchen.

Radikal würde diese Auskunft allerdings sein, aber der Schade würde fast unersetzlich sein; unzählbar vielen frommen Seelen würde schweres Leid geschehen, weil sie im Apostolikum in der That die Summa ihres Glaubens, ihres Trostes, ihrer Hoffnung im Leben und im Sterben sehen; sie würden es nicht ertragen und viel lieber einer Kirchengemeinschaft den Rücken wenden, die so radikal verfahren wollte, als in derselben verharren, die den „Glauben“ verleugnete. Der Einwand freilich liegt hier nahe, daß man diesen Frommen nicht nachgeben dürfe; es sei doch offenbar falsche Frömmigkeit, welche in dem Apostolikum das Bekenntnis evangelischen Glaubens sehe. O nein, so ist es nicht. Gerade hier ist der Punkt, wo eine Verständigung ohne jede Verleugnung ernster Glaubensüberzeugung möglich scheint. Wie ist sie möglich? In dieser letzten Zeit, als Tag und Nacht der kirchliche Hader meine Gedanken mit Trauer und Sorge erfüllte, hatte ich ein eingehendes Gespräch mit nicht theologisch gebildeten, aber einsichtsvollen frommen Christen. Neue Erkenntnisse wurden mir in diesem Gespräch nicht zuteil, aber längst bewährte Erkenntnisse wurden mir aufs neue bewährt und zu neuer freudiger Überzeugung. Das Gespräch hatte das Apostolikum zum Gegenstand. Ich äußerte, was ich eben dargelegt habe, daß es als Bekenntnis evangelischen Glaubens doch nicht gelten könne, daß jener Doppelsatz: empfangen vom Heiligen Geist und geboren aus der Jungfrau Maria mehr ein Theologumenon als ein Glaubenssatz sei, daß von der Auferstehung des Fleisches im ursprünglichen Sinne des Apostolikums doch weder nach der Schrift noch nach dem Inhalt des Glaubens die Rede sein könne, u. dgl. Was wurde mir zur Antwort? Das möge alles wohl richtig sein, aber es sei ein Unterschied zwischen Theologen mit ihrem theologischen Denken und einfachen Christen mit ihrer gläubigen Anschauung; es sei ja richtig, daß in dem Wortlaut des Apostolikums das nicht liege, was uns Christen die Hauptsache sei, nämlich daß sich in dem Allen Gottes Vaterherz uns gegeben habe. Aber, hieß es, wir ergänzen das unwillkürlich und denken gar nicht darüber nach, daß es eine evangelische Einlegung ist. Wir kennen Luthers schöne Erklärung im Kleinen Katechismus, und sie haben wir im Sinn, wenn wir den Wortlaut des Apostolikums zitieren hören; denn das Apostolikum ist uns nur in der unmittelbaren Einheit mit der Erklärung Luthers von so großem religiösen Wert. Bei dem Wort „empfangen vom Heiligen Geist, geboren aus Maria der Jungfrau" denken wir nicht an geschlechtliche Verhältnisse, sondern daran, daß der Herr Jesus ein wahrhaftiger Mensch ist, doch ohne alle Sünde und in seinem innersten Wesen eins mit Gott, und Luther, mag der Ausdruck theologisch anfechtbar, scholastisch oder was sonst sein, hat doch das Richtige wohl im Sinn, wenn er in einem „menschlichen Versuch über den Sohn Gottes" sagt: „wahrhaftiger Gott, vom Vater in Ewigkeit geboren und auch wahrhaftiger Mensch von der Jungfrau Maria geboren."

So meine Gewährsleute. Es ist derselbe Gedanke, der in der ersten Abhandlung ausgeführt worden ist, daß das Apostolikum für uns evangelische Christen in dem symbolischen Buch des Kleinen Katechismus Luthers seine authentische Erklärung und Deutung gefunden hat und nur unter Voraussetzung dieser Erklärung und evangelischen Deutung für uns den Gebrauchswert eines Glaubensbekenntnisses beanspruchen darf. In dieser seiner Deutung, die übrigens in thesi ohne Frage der Verbesserung fähig ist, ist das Apostolikum dann in der That der mehr oder weniger richtig bezeichnete Inhalt des wahren evangelischen Glaubens seit der Apostel Zeit und des wahren Glaubens der Kirche Christi in der Gegenwart, mag dieser Inhalt den wahrhaft Frommen der Vergangenheit oder der Gegenwart nun zum klaren Bewußtsein gekommen sein oder nicht. Freilich nicht alle frommen Christen sind in religiösen

4*

Dingen so reflexionslos, so unmittelbar religiös, wie meine Gewährs=
leute; durch die herrschende Praxis verführt, trennen sie das Apo=
stolikum und Luthers köstliches „Was ist das?", und jenes wird
darob entwertet in ihren Augen und zu einem Stein des Anstoßes.
Sie sprechen es vielleicht lieber nicht aus, weil sie der Verdächtigung
als Ungläubige anheimfallen würden, aber ein geheimer Mißmut
gegen die Kirche und ihren Kultus frißt um sich wie ein Krebs, und
im besten Fall helfen sie sich damit, daß sie den Kultus in
diesem Stück erleiden, aber nicht vollziehen. So ist es
doppelt not, daß mit dem, was der Wahrheit entspricht, was dem
Ansehen der Symbole (Luthers Katechismus) entspricht, was vor
allem dem wahren evangelischen Glauben entspricht, klar und ent=
schieden Ernst gemacht werde; d. h. daß wir aus unseren scho=
lastischen Verirrungen zu der Quelle der Reformation
zurückkehren und vom Apostolikum nur reden unter der ganz
unmißverständlich ausgesprochenen und stets wiederholten Voraussetzung,
daß wir es evangelisch, glaubensmäßig verstehen, wie Luther es
in den symbolischen Büchern seiner Katechismen verstanden hat, —
dann, aber auch nur dann ist der Gebrauchswert des Apostolikums
für die evangelische Kirche gesichert.